www.shinasa.co.kr
음성파일
MP3
무료다운로드

워크북

개정판

배낭여행으로 배우는 기초 중국어

学而 강선주 지음

신아사

강선주

중국사회과학원 중국언어문자학 박사
충북대, 경희대, 한양대 외래교수
배화여대 겸임교수 역임
한국중국언어학회 총무이사, 감사
넷플릭스 〈킹덤 2〉 배두나 붓글씨 대역
대한민국서예전람회 초대작가
(현) 목원대학교 중국문화 · 비즈니스학과 부교수

개정판

배낭 여행으로 배우는

기초 중국어

1판 1쇄 _ 2015년 8월 30일
2판 2쇄 _ 2024년 9월 10일

저　　자 • 강 선 주
발 행 인 • 정 현 걸
발　　행 • 신 아 사
인　　쇄 • 한솔P&D
출판등록 • 1956년 1월 5일 (제9-52호)
주　　소 • 서울특별시 은평구 통일로 59길 4
전　　화 • 02) 382-6411 · 팩스 02) 382-6401
홈페이지 • www.shinasa.co.kr
E-MAIL • shinasa@daum.net

ISBN 978-89-8396-272-0 (93720)

정가 *18,000*원

머리말

중국은 먼 나라에서 이웃 나라가 되었다.
경제적으로 문화적으로 보고 배울 것이 많은 나라,
미국과 어깨를 나란히 하는 어마무시한 나라,
가장 쉽게 떠날 수 있고 여행할 수 있는 나라, 중국!
이러한 중국으로 떠나기 전에 각 지역을 여행하며 일어날 수 있는 에피소드를 통해,
미리 중국어를 공부하자는 취지에서 본 책을 준비하였다.

이 책은 중국어를 배워서 실제 중국여행을 갔을 때 응용할 수 있는 컨셉으로 구성하였다.
스토리텔링으로 배우는 여행 중국어의 컨셉에 맞게, 네 명의 대학생을 등장인물로 설정하여 중국으로 직접 여행가서 체험하는 스토리로 되어 있다.
각 단원의 한 차시는 모두 네 문장의 대화로, 전체를 배우고 나면 대략 148개의 살아있는 문장을 익힐 수 있다.
플래쉬 기반으로 개발된 사이버 강의 "배낭여행으로 배우는 기초 중국어"의 기본 교재로 사용할 수 있기 때문에 사이버 강의를 함께 듣기를 권장한다.
초판의 인기에 힘입어 개정판을 내며 좀더 새롭게 구성하였다.
이 책을 통해 현장감 있는 내용과 생동감 있는 중국어 표현을 익혀 실생활과 배낭여행에서 자유롭게 의사소통할 수 있는 중국어 실력을 갖추기 바란다.
개정판이 나오기까지의 시간동안 '学而'라는 호가 생겼다.
"배우고 때때로 익히면 또한 기쁘지 아니한가"라는 논어의 첫 구절 첫 단어이다.
이 구절처럼 여러분들이 배움의 기쁨을 가지기를 소망한다.

2018년 2월
저자 강선주

CONTENTS

등장인물

스무살 새내기 대학생

素英(소영)

智贤(지현)

东建(동건)

民浩(민호)

그밖의 등장인물

李明(베이징대학생)

空姐(스튜어디스)

审查员(심사관)

师傅(택시기사)

일러두기

이 책에 등장하는 지명은 중국어 발음대로 표기하는 것을 원칙으로 하되, 우리에게 이미 익숙하여 생활화된 지명은 한글 한자음으로 표기하였다.

배낭여행으로 배우는 기초 중국어

01

중국어 발음 연습 간단한 인사

학습목표

- 중국어의 성모/운모를 이해할 수 있다.
- 중국어의 성조를 이해할 수 있다.
- 기본적인 중국어 인사를 말할 수 있다.

학습내용

- 중국어의 성모와 운모 학습
- 중국어의 성조 학습
- 기본적인 중국어 인사 학습

1 중국어 발음 성모 / 운모

중국어 발음 성모 / 운모

중국어 - 표의(表意)문자
각각의 글자가 뜻과 음을 가지고 있음

中 {
- 뜻 : 가운데
- 음 : zhōng

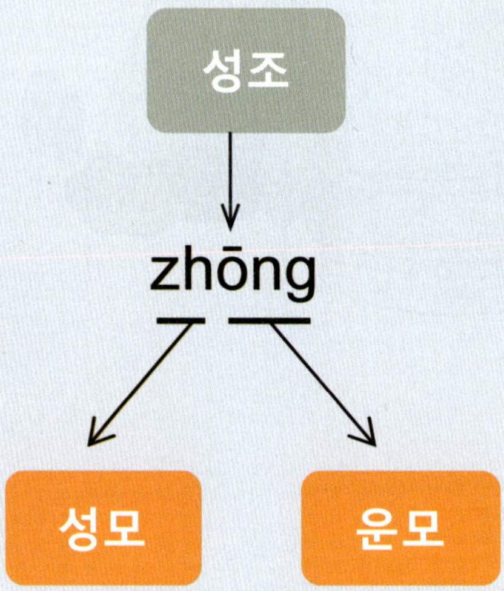

1) 성모(자음) : 총 21개

b	p	m	f
d	t	n	l
g	k	h	
j	q	x	
z	c	s	
zh	ch	sh	r

2) 운모(모음)

단운모

a o e i u ü

복운모

ai	ao	ei	ou	
an	en	ang	eng	
ia	ie	iao	iou	
ian	in	iang	ing	iong
üe	üan	ün		
ua	uo	uai	uei	
uan	uen	uang	ueng	
er				

학습평가

01 보기의 성모를 발음해 보세요.

보기

zh　ch　sh　r

02 보기의 운모를 발음해 보세요.

보기

a　o　e　i　u　ü

03 보기의 단어를 배열하여 아래의 대화를 완성해 보세요.

보기

운모　성조　성모

중국어의 음절은 자음에 해당하는 [　　　], 모음에 해당하는 [　　　], 음높이인 [　　　]로 이루어져 있습니다.

정답 01 발음을 듣고 여러 번 연습하기　02 발음을 듣고 여러 번 연습하기
03 성모, 운모, 성조

생생 정보

중국은 어떤 나라일까요?

- 인구 2위 : 세계에서 인구가 인도 다음으로 많음(약 14억)
- 국토 면적 4위 : 세계에서 러시아, 캐나다, 미국에 이어 4번째로 큼
- 민족 : 56개의 민족이 있는데 90% 이상이 한족
- 언어 : 한족의 언어라고 해서 汉语(Hànyǔ)라고 부름
- 표준중국어 : 베이징 말을 근간으로 하는 보통화(普通话 pǔtōnghuà) 라고 함

2 성조

성 조

1성 : 처음부터 끝까지 높고 평평한 음이며 '－'로 표기한다.
2성 : 중간 정도에서 시작해서 끌어올리는 음으로 '╱'로 표기한다.
3성 : 가장 낮은 위치까지 내렸다가 살짝 끌어올리는 음으로 '∨'로 표기한다.
4성 : 높은 음에서 낮음 음으로 뚝 떨어뜨리며 내는 소리로 '╲'로 표기한다.
경성 : 본래의 성조 대신 짧고 가볍게 발음한다.

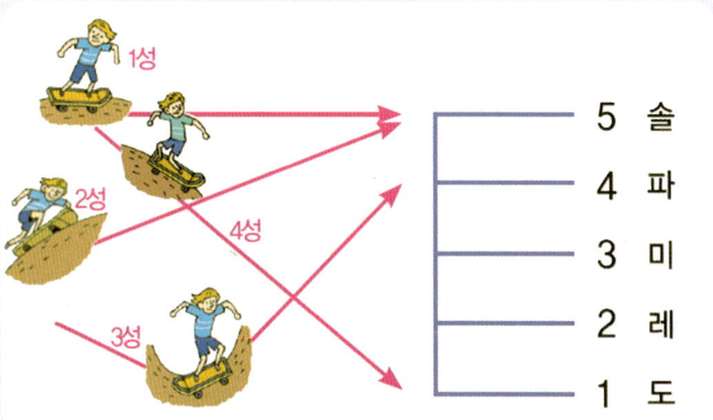

	ˉ	ˊ	ˇ	ˋ
a	ā	á	ǎ	à
o	ō	ó	ǒ	ò
e	ē	é	ě	è
i	ī	í	ǐ	ì
u	ū	ú	ǔ	ù
ü	ǖ	ǘ	ǚ	ǜ

숫자로 성조 배우기 손으로 숫자를 표현해 봅시다.

1
yī 一

2
èr 二

3
sān 三

4
sì 四

5
wǔ 五

6
liù 六

7
qī 七

8
bā 八

9
jiǔ 九

10
shí 十

학습평가

01 보기의 단어를 발음해 보세요.

보기

shī　shí　shǐ　shì

02 보기의 단어에 해당하는 발음을 고르세요.

보기

九

① qiū　② jiǔ　③ jià　④ qiǔ

03 보기의 발음에 해당하는 단어를 고르세요.

보기

qī

① 五　② 六　③ 七　④ 八

정답 01 발음을 듣고 여러 번 연습해 보기　02 ②　03 ③

생생 정보

- 성조는 중국어의 가장 큰 특징 중 하나
- 정확한 성조는 중국어 구사에 자신감을 줌
- 지역마다 방언의 영향으로 성조의 차이가 있음
- 표준 발음을 정확히 하면서 성조를 익히는 것 중요
- 성조 표시 : a o e i u ü 순서로 주요 운모 위에 함(성조 부호가 i 위에 쓰일 때 i 위에 있는 점은 생략하며, -iu, -ui의 경우 뒤쪽의 u 또는 i 위에 성조를 표시해야 함)

3 你好
(안녕하세요)

A : 你好！	Nǐ hǎo	안녕!
B : 你好！	Nǐ hǎo	안녕!
A : 再见！	Zàijiàn	잘가!
B : 再见！	Zàijiàn	잘가!
A : 谢谢！	Xièxie	고마워!
B : 不客气！	Búkèqi	천만에!
A : 对不起！	Duìbuqǐ	미안해!
B : 没关系。	Méiguānxi	괜찮아.

중국의 인사 예절

- 친구 사이일 때 : 你好[Nǐhǎo] 행동은 악수하거나, 손을 흔들며 가벼운 미소, 눈인사 등을 함

- 웃어른을 만났을 때 : 您好[Nínhǎo] (你好의 높임말) 행동은 가볍게 고개를 숙임

- 중국은 중화인민공화국이 들어서면서 남녀노소에 평등개념이 강해져 웃어른을 만났을 때 우리나라처럼 허리를 숙이거나 목례를 하지 않음

학 습 평 가

01 보기의 단어에 알맞은 뜻을 고르세요.

보기

不客气!

① 안녕　② 미안해　③ 괜찮아　④ 천만에

02 보기의 단어에 해당하는 발음을 고르세요.

보기

对不起！

① Xièxie　② Duìbuqǐ　③ Zàijiàn　④ Nǐ hǎo

03 보기의 단어를 배열하여 아래의 문장을 완성해 보세요.

보기

好　谢　见

再 [　] ! (잘가!)

정답　01 ④　02 ②　03 见

02

베이징에 도착해서

학습목표

- 비행기 안에서 일어날 수 있는 중국어 회화를 말할 수 있다.
- 베이징 공항에서 일어날 수 있는 중국어 회화를 말할 수 있다.
- 택시 안에서 일어날 수 있는 중국어 회화를 말할 수 있다.

학습내용

- 비행기 안에서 일어날 수 있는 중국어 기초 회화 및 단어 학습
- 입국수속과 관련된 회화 및 단어 학습
- 택시 타기와 관련된 회화 및 단어 학습

베이징 공항

4 在飞机上 (비행기 안에서)

01.	在	zài	~에서, ~에 있다
02.	飞机	fēijī	비행기
03.	上	shàng	위, ~위에
04.	我	wǒ	나
05.	你	nǐ	너
06.	请	qǐng	청하다, ~좀 해주세요
07.	空姐	kōngjiě	스튜어디스
08.	给	gěi	~에게, 주다
09.	杯	bēi	잔 [양사]
10.	可乐	kělè	콜라
11.	好	hǎo	좋다
12.	吗	ma	의문 어기사
13.	还	hái	또, 아직
14.	要	yào	요구하다, ~하려고 하다
15.	别的	biéde	다른 것
16.	副	fù	벌, 쌍 [양사]
17.	耳机	ěrjī	이어폰
18.	马上	mǎshàng	바로
19.	拿	ná	들다, 잡다
20.	东建	Dōngjiàn	동건 (사람 이름)

在飞机上

Zài fēijī shang

东建

请给我一杯可乐，好吗?

Qǐng gěi wǒ yì bēi kělè, hǎo ma?

콜라 한 잔 주시겠어요?

空姐

好, 还要别的吗?

Hǎo, háiyào biéde ma?

네, 다른 것도 더 필요하세요?

东建

还有给我一副耳机。

Háiyǒu gěi wǒ yí fù ěrjī.

이어폰도 하나 주세요.

空姐

好的，我马上拿给你。

Hǎode, wǒ mǎshàng ná gěi nǐ.

좋아요, 금방 가져다 줄게요.

학습평가

01 보기의 단어에 해당하는 발음을 고르세요.

보기

耳机

① èr jī　② ěrjī　③ ěrjì　④ ěrqī

02 보기에서 알맞은 단어를 골라 넣어보세요.

보기

副　杯

一 [　] 可 乐

03 보기의 단어를 배열하여 아래의 대화를 완성해 보세요.

보기

要　还　的　吗　别

① 甲 : [　][　][　][　][　] ?

乙 : 还有给我一副耳机。

정답　01 ②　02 杯　©03 还要别的吗?

생생 정보

인천공항 → 베이징으로 가는 비행기편

국내항공
아시아나항공, 대한항공

중국항공
중국국제항공, 중국동방항공, 상하이항공, 심천항공 등

5 到北京机场
(베이징 공항에 도착해서)

01.	到	dào	도착하다
02.	北京	Běijīng	베이징
03.	机场	jīchǎng	공항
04.	审查员	shěncháyuán	심사관
05.	把	bǎ	~을(를)
06.	您	nín	당신 ['你'의 존칭]
07.	的	de	~의(소유를 나타냄)
08.	护照	hùzhào	여권
09.	看	kàn	보다
10.	这	zhè	이, 이것
11.	是	shì	~이다.
12.	入境卡	rùjìngkǎ	입국카드
13.	呢	ne	의문을 나타내는 조사

到北京机场

Dào Běijīng jīchǎng

审查员

请把您的护照给我看看。

Qǐng bǎ nínde hùzhào gěi wǒ kànkan.

당신의 여권 좀 보여주세요.

东建

好，这是我的护照。

Hǎo, zhèshì wǒde hùzhào.

네, 이것은 제 여권입니다.

审查员

入境卡呢？

Rùjìngkǎ ne?

입국카드는요?

东建

在这儿。

Zài zhèr.

여기 있습니다.

학습평가

01 보기의 단어에 해당하는 발음을 고르세요.

보기

护照

① húzhǎo ② hùzhào ③ húzhāo ④ húzhào

02 보기에서 알맞은 단어를 골라 넣어보세요.

보기

了 把 呢

请 ☐ 您的护照给我看看。

03 보기의 단어를 알맞은 위치에 넣으세요.

보기

是

这 ① 我 ② 的 ③ 护照 ④ 。

정답 01 ② 02 把 03 ①

생생 정보

입국심사카드

外国人入境卡
ARRIVAL CARD

Family name	KIM (성)
Given names	HANA (이름)
Nationality	KOREA (국적)
Passport No.	YP1234567 (여권번호)
Intended Address in China	BEIJING HOTEL (중국내 주소)
Male / Female	✔ (성별)
Date of birth	1980 01 01 (생년월일)
Purpose of visit	Sightseeing in leisure ✔ (입국목적)
Visa No.	A1234567(비자번호)
Place of Visa Issuance	SEOUL (비자발급지)
Flight No./Ship's name/Train No.	OZ123 (편명)

I hereby declare that the statement given above is true and accurate.

Signature 김하나 (서명)

세관신고서

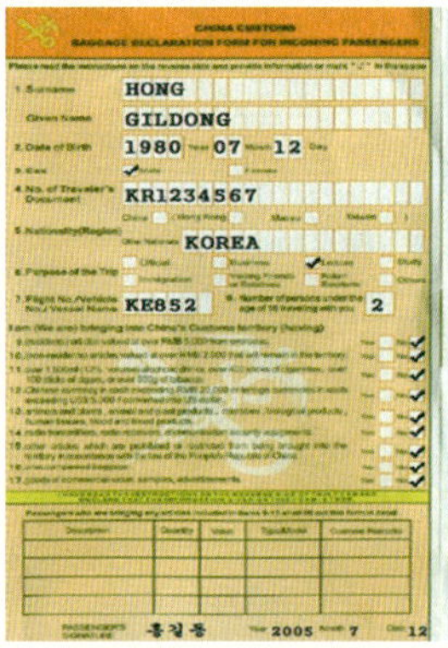

CHINA CUSTOMS
BAGGAGE DECLARATION FORM FOR INCOMING PASSENGERS

1. Surname	HONG
Given Name	GILDONG
2. Date of Birth	1980 07 12
4. No. of Traveller's Document	KR1234567
5. Nationality(Region)	KOREA
7. Flight No./Vehicle No./Vessel Name	KE852
8. Number of persons under the age of 16 traveling with you	2

PASSENGER'S SIGNATURE 홍길동 Year 2005 Month 7 Date 12

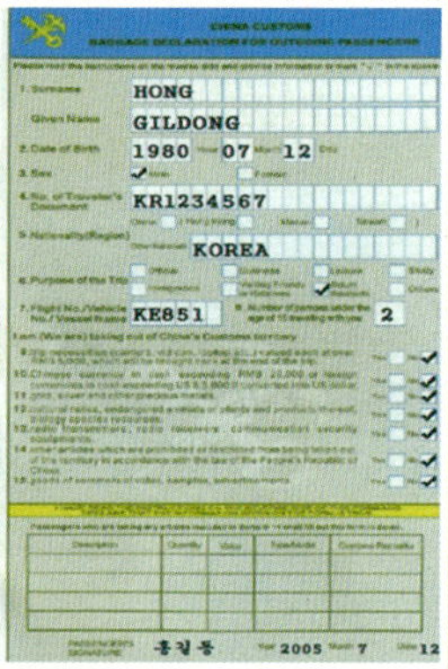

CHINA CUSTOMS
BAGGAGE DECLARATION FORM FOR OUTGOING PASSENGERS

1. Surname	HONG
Given Name	GILDONG
2. Date of Birth	1980 07 12
4. No. of Traveller's Document	KR1234567
5. Nationality(Region)	KOREA
7. Flight No./Vehicle No./Vessel Name	KE851
8. Number of persons under the age of 16 traveling with you	2

PASSENGER'S SIGNATURE 홍길동 Year 2005 Month 7 Date 12

중국비자

C		승무, 항공, 해운업에 종사하는 국제열차 승무원, 국제하공기 직원, 국제항해선박 선원 및 선원과 동반한 가족, 국제도로운송업에 종사하는 운전기사
D		중국에서 영구 거류하고자 하는 자
F		중국에서 교류, 방문, 답사 활동 등을 하려는 자
G		중국을 경유하려는 자
J	J1	중국에서 상주(180일 이상 체류)하는 외국 언론기관의 특파원
	J2	취재, 보도를 목적으로 단기 입국(180일 이내 체류)하는 외국 언론기관의 기자
L		중국에서 여행을 하려는 자
M		중국에서 상업무역활동을 하려는 자
Q	Q1	가족과 동거하기 위해 중국에서의 거류를 신청하려는 • 중국국민의 가족 구성원(배우자, 부모, 자녀, 자녀의 배우자, 형제자매, 조부모, 외조부모, 손자녀, 외손자녀 및 배우자의 부모) • 중국 영구거류자격을 보유한 외국인의 가족구성원(배우자, 부모, 자녀, 자녀의 배우자, 형제자매, 조부모, 외조부모, 손자녀, 외손자녀 및 배우자의 부모) • 위탁양육 등의 사유로 거류하고자 하는자
	Q2	중국에서 단기간(180일 이하) 친지를 방문하고자 하는 자 • 중국 국내에서 거주하는 중국 국민을 방문하려는 가족 • 중국 영주권을 보유한 외국인을 방문하려는 가족
R		중국 정부가 필요로 하는 외국 고급 인재 및 인재 충원을 위해 초빙하는 전문가
S	S1	취업, 유학 등의 사유로 중국에 거류 중인 외국인의 배우자, 부모, 18세 미만의 자녀, 배우자의 부모 및 기타 개인 사정으로 중국에서의 거류가 필요한 자로서, 중국에 장기간(180일 초과) 방문하려는 자
	S2	취업, 유학 등의 사유로 중국에 거류 중인 외국인의 가족구성원(배우자, 부모, 자녀, 자녀의 배우자, 형제자매, 조부모, 외조부모, 손자녀, 외손자녀 및 배우자의 부모) 및 기타 개인 사정으로 주욱ㄱ에서의 체류가 필요한 자로서 중국에 단기간(180일 이내) 방문라려는 자
X	X1	중국에서 장기간(180일 초과) 유학하려는 자
	X2	중국에서 단기간(180일 이하) 유학하려는 자
Z		중국에서 취업하려는 자

● 주로 발급받는 비자

6 坐出租车
(택시 타기)

01.	坐	zuò	타다
02.	出租车	chūzūchē	택시
03.	师傅	shīfu	기사님, 선생님
04.	长城	Chángchéng	장성(만리장성)
05.	饭店	fàndiàn	호텔
06.	去	qù	가다
07.	不	bù	아니다[부정부사]
08.	多	duō	많다 / 얼마나[의문사]
09.	长	cháng	길다
10.	时间	shíjiān	시간
11.	能	néng	~할 수 있다
12.	大概	dàgài	대략
13.	半	bàn	절반 / 30분
14.	个	ge	개 [양사]
15.	小时	xiǎoshí	시간
16.	就	jiù	곧, 바로
17.	智贤	zhìxián	지현(사람이름)

坐出租车

Zuò chūzūchē

智贤

师傅，长城饭店去不去?

Shīfu, Chángchéng fàndiàn qù bu qù?

기사님, 창청호텔 갈 수 있나요?

师傅

去，上车吧。

Qù, shàng chē ba.

가죠, 타세요.

智贤

多长时间能到呢?

Duōcháng shíjiān néng dào ne?

얼마나 걸리나요?

师傅

大概半个小时就能到。

Dàgài bàn ge xiǎoshí jiù néng dào.

대략 30분이면 도착할 수 있어요.

학습평가

01 보기의 단어에 해당하는 발음을 고르세요.

보기

饭店

① fāndiàn ② fàndiàn ③ fāndiàn ④ fàndián

02 보기에서 알맞은 단어를 골라 넣어보세요.

보기

上 长

多 ___ 时间能到呢?

03 보기에 해당하는 중국어 단어를 골라보세요.

보기

대략

① 大量 ② 大哥 ③ 大概 ④ 大小

정답 01 ② 02 长 03 ③

생생 정보

교통수단 중국어

택시 出租车[chūzūchē]

버스 公共汽车[gōnggòng qìchē]

지하철 地铁 [dìtiě]

기차 火车 [huǒchē]

비행기 飞机 [fēijī]

배 船 [chuán]

03

호텔에서

학습목표

- 호텔 체크인을 하며 일어날 수 있는 중국어 회화를 말할 수 있다.
- 은행에서 일어날 수 있는 중국어 회화를 말할 수 있다.
- 슈퍼마켓에서 일어날 수 있는 중국어 회화를 말할 수 있다.

학습내용

- 호텔 체크인과 관련된 중국어 기초 회화 및 단어 학습
- 환전과 관련된 중국어 기초 회화 및 단어 학습
- 물건 사기와 관련된 중국어 기초 회화 및 단어 학습

베이징의 한 호텔 프론트

7 住宿登记
(호텔 체크인)

01.	住宿	zhùsù	묵다, 숙박하다
02.	登记	dēngjì	등록하다
03.	职员	zhíyuán	직원
04.	预订	yùdìng	예약하다
05.	了	le	완료, 변화를 나타내는 조사
06.	韩国	Hánguó	한국
07.	确认书	quèrènshū	확인서
08.	房间	fángjiān	방
09.	钥匙	yàoshi	열쇠
10.	行李	xíngli	짐, 수화물
11.	搬	bān	옮기다
12.	可以	kěyǐ	…해도 된다(허가를 나타냄)

住宿登记

Zhùsù dēngjì

职员

您好，预订了吗？

Nínhǎo, yùdìng le ma?

안녕하세요, 예약하셨나요?

东建

我在韩国预订了，这是我的确认书。

Wǒ zài Hánguó yùdìng le, zhè shì wǒ de quèrènshū.

한국에서 예약했습니다. 이게 제 확인서입니다.

职员

好的，给您房间钥匙。

Hǎode, gěi nín fángjiān yàoshi.

네, 방 열쇠 드릴께요.

东建

请把我的行李搬到房间去，可以吗？

Qǐng bǎ wǒ de xínglǐ bāndao fángjiān qù, kěyǐ ma?

제 짐을 방까지 옮겨줄 수 있을까요?

학습평가

01 보기의 단어에 해당하는 발음을 고르세요.

보기

钥匙

① yàoshi ② yàoshī ③ yàoshǐ ④ yǎoshì

02 보기의 빈칸에 알맞은 단어를 고르세요.

보기

我在韩国____了。

① 给 ② 预订 ③ 房间 ④ 钥匙

03 보기에서 단어를 골라 아래의 대화를 완성해 보세요.

보기

吗 的 了

这是我 [ ] 确认书。

정답 01 ① 02 ② 03 的

생생 정보

중국의 숙박시설

등급	설명
★★★★★ (5성급)	글로벌 호텔들과 중국 최고급 호텔
★★★★ (4성급)	5성급 보다는 수준이 낮지만 부대시설이 좋은 호텔
★★★ (3성급)	외국인의 투숙이 가능한 최저 등급 객실 수준으로 평가 받음
★★ (2성급)	3성급 수준에 못 미치는 호텔들 한국의 모텔보다 수준이 낮음
★(1성급) 및 무성급	별을 하나만 받았거나 못 받은 업체들 중국 일반 서민들을 위한 서민형 호텔

8 换钱
(환전하기)

01.	银行	yínháng	은행
02.	换	huàn	교환하다
03.	钱	qián	돈
04.	多少	duōshao	얼마나
05.	十	shí	10, 십
06.	万	wàn	10000, 만
07.	韩元	hányuán	원화, 한화
08.	填	tián	쓰다, 작성하다
09.	一下	yíxià	~좀 하다
10.	表	biǎo	표
11.	民浩	Mínhào	민호(사람이름)

换钱

Huàn qián

民浩

我要换钱

Wǒ yào huàn qián.

환전을 하려고 합니다.

职员

换多少?

Huàn duōshao?

얼마나 바꾸실 건가요?

民浩

换十万韩元。

Huàn shí wàn hányuán.

한화 10만원을 바꾸려고 합니다.

职员

好，请填一下表。

Hǎo, qǐng tián yíxià biǎo.

네, 표를 작성해 주세요.

학습평가

01 보기의 단어에 해당하는 발음을 고르세요.

보기

换钱

① huánqiàn ② huànqiàn
③ hānqiàn ④ huànqián

02 보기에서 알맞은 단어를 골라 넣어보세요.

보기

请 要

我 ☐ 换钱。

03 보기에 해당하는 중국어 단어를 골라보세요.

보기

얼마나

① 大小 ② 长短 ③ 多少 ④ 一下

정답 01 ④ 02 要 03 ③

생생 정보

중국화폐단위

1) 元 (Yuān, 위안) 또는 块(Kuài, 콰이)
2) 角 (Jiǎo, 쟈오) 또는 毛(Māo, 마오)
3) 分 (Fēn, 펀)

환전 TIP!

1) ATM기를 이용하거나 은행의 국제현금카드 이용
2) 직거래 (달러를 안거치는 것이 환율이 더 좋음)

중국화폐 人民币[rénmínbì]

9 在超级市场 (슈퍼마켓에서)

01.	超级市场	chāojíshìchǎng	슈퍼마켓
02.	们	men	~들[복수접미사]
03.	买	mǎi	사다
04.	点儿	diǎnr	좀
05.	东西	dōngxi	물건
06.	水	shuǐ	물
07.	和	hé	~와
08.	吃的	chīde	먹을 것
09.	一共	yígòng	모두
10.	块	kuài	원(구어체에서 돈의 단위)
11.	找	zhǎo	거슬러 주다, 찾다
12.	售货员	shòuhuòyuán	판매원

在超级市场

Zài chāojí shìchǎng

民浩

我们买点儿东西吧。

Wǒmen mǎi diǎnr dōngxi ba.

우리 물건 좀 사자!

智贤

好啊，我要买水和吃的。

Hǎo a, wǒ yào mǎi shuǐ hé chīde.

좋아, 난 물이랑 먹을 것 좀 살래.

民浩

一共多少钱？

Yígòng duōshao qián?

모두 얼마에요?

售货员

一共 28块。这是找您的钱。

Yígòng èrshíbā kuài. Zhèshì zhǎo nínde qián.

모두 28원이에요. 여기 거스름돈입니다.

학습평가

01 보기의 단어에 해당하는 발음을 고르세요.

보기

买

① māi　② mài　③ mǎi　④ mai

02 보기에 제시된 단어를 조합하여 하나의 문장을 완성해 보세요.

보기

钱　找　这　您　是　的

□□□□□□

03 보기의 단어에 알맞은 뜻을 고르세요.

보기

一共

① 모두　② 함께　③ 하나　④ 공동

정답　01 ③　02 这是找您的钱。 03 ①

생생 정보

생활용품 중국어

샴푸 香波 xiāngbō

치약 牙膏 yágāo
치솔 牙刷 yáshuā

비누 香皂 xiāngzào

화장품 化妆品 huàzhuāngpǐn

04

천안문 광장과 자금성에서

학습목표

- 지하철을 탈 때 일어날 수 있는 중국어 회화를 말할 수 있다.
- 천안문 광장에서 일어날 수 있는 중국어 회화를 말할 수 있다.
- 식당에서 일어날 수 있는 중국어 회화를 말할 수 있다.

학습내용

- 지하철 타기와 관련된 중국어 기초 회화 및 단어 학습
- 천안문 광장과 관련된 중국어 기초 회화 및 단어 학습
- 오리구이와 관련된 중국어 기초 회화 및 단어 학습

지하철 역 안

10 坐地铁
(지하철 타기)

01.	地铁	dìtiě	지하철
02.	站	zhàn	역, 정류장, 서다
03.	怎么	zěnme	어떻게
04.	前边	qiánbian	앞쪽
05.	天安门	Tiān'ānmén	천안문
06.	应该	yīnggāi	마땅히 ~해야 한다
07.	几	jǐ	몇
08.	号	hào	호, 번호
09.	线	xiàn	선, (교통) 노선
10.	路人	lùrén	행인

坐地铁

Zuò dìtiě

智贤

地铁站怎么走？

Dìtiě zhàn zěnme zǒu?

지하철역 어떻게 가죠?

路人

前边就有地铁站。

Qiánbian jiù yǒu dìtiě zhàn.

바로 앞에 지하철 역이 있어요.

智贤

去天安门应该坐几号线？

Qù Tiān'ānmén yīnggāi zuò jǐ hào xiàn?

천안문에 가려면 몇 호선을 타야 하나요?

路人

坐一号线。

Zuò yī hào xiàn.

1호선을 타면 됩니다.

학습평가

01 보기의 단어에 해당하는 발음을 고르세요.

보기

天安门

① Tiān'ānmén ② Tiān'ānmèn
③ Tiān'ānmēn ④ Tiān'ǎnmen

02 보기의 단어를 조합하여 알맞은 문장을 만들어 보세요.

보기

站 前边 地铁 有 就

□□□□□

03 보기에서 알맞은 단어를 고르세요.

보기

好 号 几

坐一□线。

정답 01 ① 02 前边就有地铁站。 03 号

생생 정보

베이징의 지하철 노선도

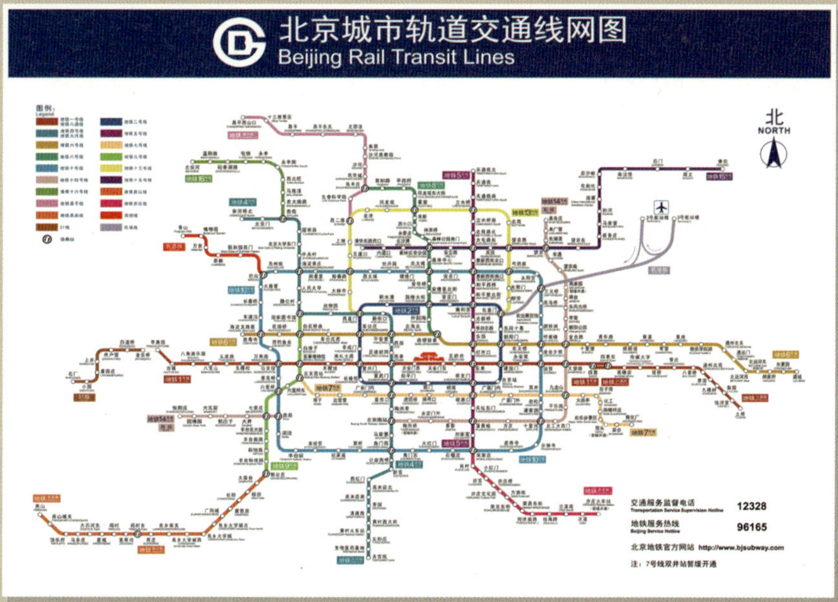

11 在天安门广场
(천안문 광장에서)

01.	广场	guǎngchǎng	광장
02.	附近	fùjìn	근처, 부근
03.	故宫	Gùgōng	고궁, 자금성
04.	想	xiǎng	~하고 싶다, 생각하다
05.	当然	dāngrán	당연히
06.	快	kuài	빨리, 빠르다
07.	现在	xiànzài	현재, 지금
08.	出发	chūfā	출발하다
09.	带路	dàilù	길을 안내하다
10.	跟	gēn	~를 따르다, ~와
11.	来	lái	오다

在天安门广场
Zài Tiān'ānmén guǎngchǎng

李明

故宫就在天安门广场附近，想去看看吗？
Gùgōng jiù zài Tiān'ānmén guǎngchǎng fùjìn, xiǎng qù kànkan ma?
자금성이 바로 천안문 광장 부근에 있는데, 가보고 싶니?

智贤

当然想了，快走吧。
Dāngrán xiǎng le, kuài zǒu ba.
당연히 가보고 싶지, 빨리 가자.

民浩

我们现在就出发！
Wǒmen xiànzài jiù chūfā!
우리 지금 바로 출발하자!

李明

好啊，我给你们带路，跟我来吧。
Hǎo a, wǒ gěi nǐmen dàilù, gēn wǒ lái ba.
좋아, 내가 길 안내할게, 따라 와.

학습평가

01 보기의 단어에 해당하는 발음을 고르세요.

보기

附近

① fújìn ② fùjìn ③ fùjīn ④ fújīn

02 어순에 맞게 보기에서 알맞은 단어를 골라 넣어보세요.

보기

现在 我们 出发 就

☐ ☐ ☐ ☐

우리 지금 바로 출발하자!

03 보기에서 알맞은 단어를 골라 아래의 문장을 완성해 보세요.

보기

跟 在 快

我们 ☐ 走吧。

정답 01 ② 02 我们现在就出发! 03 快

생생 정보

천안문 근처 여행할 곳은?

북해공원(北海公园)

치엔먼 동인당(前门 同仁堂)

경산공원(景山公园)

천안문 광장과 자금성

12 北京烤鸭 (베이징 오리구이)

01.	烤鸭	kǎoyā	(통)오리구이
02.	什么	shénme	무엇
03.	只	zhī	마리(동물을 세는 양사)
04.	味道	wèidao	맛
05.	真	zhēn	정말
06.	香	xiāng	향기롭다, 맛나다
07.	太	tài	너무
08.	好吃	hǎochī	맛있다
09.	才	cái	비로소
10.	知道	zhīdao	알다
11.	为什么	wèishénme	왜
12.	这么	zhème	이렇게
13.	有名	yǒumíng	유명하다

北京烤鸭
Běijīng kǎoyā

服务员

你们想吃点什么?
Nǐmen xiǎng chī diǎn shénme?
무엇을 좀 드시고 싶으세요?

民浩

我们要一只烤鸭。
Wǒmen yào yì zhī kǎoyā.
오리구이 한 마리 주세요.

智贤

烤鸭的味道真香，太好吃了。
Kǎoyā de wèidao zhēn xiāng, tài hǎochī le.
오리구이 맛이 정말 고소하다. 너무 맛있어.

民浩

我这才知道北京烤鸭为什么这么有名。
Wǒ zhè cái zhīdao běijīng kǎoyā wèishénme zhème yǒumíng.
나는 비로소 베이징 오리구이가 왜 이렇게 유명한지 알았어.

학습평가

01 보기의 단어에 해당하는 뜻을 고르세요.

보기

味道

① 조미료 ② 맛 ③ 도리 ④ 길

02 보기에 제시된 단어를 조합하여 하나의 문장을 완성해 보세요.

보기

北京烤鸭 这么 知道 有名 才 我 为什么

☐ ☐ ☐ ☐ ☐ ☐ ☐。

03 보기의 제시된 단어를 골라 아래의 문장을 완성해 보세요.

보기

要 想 能

我们 ☐ 一只烤鸭。

정답 01 ② 02 我才知道北京烤鸭为什么这么有名。 03 要

생생 정보

베이징 오리구이 전문점 소개

前门(Qiánmén)

和平门(Hépíngmén)

王府井(Wángfǔjǐng)

05

이화원 / 만리장성 관람

학습목표

- 이화원에서 일어날 수 있는 중국어 회화를 말할 수 있다.
- 만리장성에 가서 일어날 수 있는 중국어 회화를 말할 수 있다.
- 베이징 대학에서 일어날 수 있는 중국어 회화를 말할 수 있다.

학습내용

- 이화원과 관련된 중국어 기초 회화 및 단어 학습
- 만리장성과 관련된 중국어 기초 회화 및 단어 학습
- 베이징 대학 일화와 관련된 중국어 기초 회화 및 단어 학습

이화원 앞

13 在颐和园
(이화원에서)

01.	颐和园	Yíhéyuán	이화원(청나라 황실 정원)
02.	终于	zhōngyú	마침내, 드디어
03.	人山人海	rénshānrénhǎi	인산인해, 사람이 몹시 많음
04.	这儿	zhèr	여기, 이곳
05.	风景	fēngjǐng	풍경, 경치
06.	非常	fēicháng	아주, 매우
07.	美	měi	아름답다
08.	一起	yìqǐ	함께
09.	照相	zhàoxiàng	사진을 찍다

在颐和园
Zài Yíhéyuán

东建

我们终于来到颐和园了。
Wǒmen zhōngyú láidào Yíhéyuán le.
우리가 드디어 이화원에 도착했구나.

素英

真是人山人海啊!
Zhēnshì rénshānrénhǎi a!
정말 인산인해다!

东建

这儿的风景非常美啊。
Zhèr de fēngjǐng fēicháng měi a.
여기 풍경이 아주 멋진데.

素英

是的，我们一起照相吧。
Shì de, wǒmen yìqǐ zhàoxiàng ba.
그래, 우리 같이 사진 찍자.

학습평가

01 보기의 단어에 해당하는 발음을 고르세요.

보기

风景

① fēngjīng ② féngjǐng
③ fēngjǐng ④ fèngjing

02 보기의 단어에 알맞은 뜻을 고르세요.

보기

一起

① 일어나다 ② 같이 ③ 일기 ④ 한번에

03 보기의 단어를 배열하여 아래의 문장을 완성해 보세요.

보기

우리가 드디어 이화원에 도착했구나.

了 终于 我们 颐和园 来到

□□□□□。

정답 01 ③ 02 ② 03 我们终于来到颐和园了。

생생 정보

이화원 관광 안내

- 위치 : 베이징 시의 서북쪽
- 총면적 : 2.9 km^2 (중국 최대 규모의 황가원림)
- 1888년 서태후가 재건해 '이화원'이 됨
- 곤명호(쿤밍호 : 昆明湖)라는 엄청난 크기의 인공 호수가 유명함

14 去长城
(만리장성에 가서)

01.	万里长城	Wànlǐchángchéng	만리장성
02.	长	cháng	길다
03.	了不起	liǎobuqǐ	대단하다
04.	里	lǐ	리(길이의 단위, 1리(里)는 500미터)
05.	嗯	ǹg	응, 그래
06.	所以	suǒyǐ	그래서
07.	叫	jiào	부르다
08.	听说	tīngshuō	듣자하니
09.	月亮	yuèliang	달
10.	也	yě	~도, ~ 또한
11.	看见	kànjian	보이다

去长城

Qù Chángchéng

东建

长城真长啊！了不起!

Chángchéng zhēn cháng a! liǎobuqǐ!

만리장성 정말 길다! 대단해!

素英

万里长城有一万里长吗？

Wànlǐchángchéng yǒu yíwàn lǐ cháng ma?

만리장성은 만리만큼 길어?

李明

嗯，所以才叫万里长城。

Ǹg, suǒyǐ cái jiào wànlǐchángchéng.

응, 그래서 만리장성이라고 불러.

东建

听说在月亮上也能看见长城。

Tīngshuō zài yuèliang shang yě néng kànjian chángchéng.

달에서도 만리장성이 보인다고 하더라.

학습평가

01 보기의 단어에 해당하는 발음을 고르세요.

보기

听说

① tīngshuō　　② tīngshuó
③ tīngshuǒ　　④ tīngshuò

02 보기에서 알맞은 단어를 골라 넣어보세요.

보기

真　有

万里长城 ☐ 长啊!

03 보기에 제시된 단어를 어순에 맞게 배열하여 알맞은 문장을 만들어 보세요.

보기

一万　有　长　万里长城　吗　里

☐☐☐☐☐☐?

정답　01 ①　02 真　03 万里长城有一万里长

생생 정보

만리장성

- 규모 : 총 길이가 약 6,700km
- 만든 배경 : 북방 민족의 침입을 막기 위해
- 진나라 시황제가 증축하면서 쌓은 산성으로 명나라 때 몽골의 침입을 막기 위해 대대적으로 확장
- 지구촌에 건설된 수많은 인공 구조물 가운데 가장 큰 규모를 자랑함
- 우리나라 강감찬 장군의 천리장성 축조에 영향 줌

15 在北京大学
(베이징 대학에서)

01.	北京大学	Běijīngdàxué	베이징대학
02.	中国	Zhōngguó	중국
03.	校园	xiàoyuán	교정
04.	大家	dàjiā	여러분
05.	都	dōu	모두
06.	认真	rènzhēn	열심이다, 성실하다
07.	学习	xuéxí	공부하다
08.	湖	hú	호수
09.	以后	yǐhòu	이후에
10.	休息	xiūxi	쉬다, 휴식하다
11.	时候	shíhou	~할 때

在北京大学
Zài Běijīng dàxué

民浩

听说北京大学在中国是非常有名的大学。
Tīngshuō Běijīng dàxué zài Zhōngguó shì fēicháng yǒumíng de dàxué.
베이징대학이 중국에서 매우 유명한 대학이라고 하던데.

素英

在校园里，大家都很认真地学习。
Zài xiàoyuánli, dàjiā dōu hěn rènzhēn de xuéxí.
교정에서 다들 열심히 공부하네.

东建

啊，那儿有个湖啊!
À, nàr yǒu ge hú a.
아, 저기에 호수가 있어!

智贤

学习以后，想休息的时候，就来看看这湖，真好。
Xuéxí yǐhòu, xiǎng xiūxi de shíhou, jiùlái kànkan zhè hú, zhēn hǎo.
공부하고 나서, 쉬고 싶을 때, 여기 호수에 오면 정말 좋겠다.

학습평가

01 보기의 단어에 해당하는 발음을 고르세요.

보기

校园

① xiǎoyuán ② xiàoyuán ③ xiǎoyuān ④ xiàoyuan

02 알맞은 단어를 고르세요.

보기

非常 认真 很

学生应该 [ ] 学习。 *应该 yīnggāi -해야 한다

뜻 : 학생은 열심히 공부해야 한다.

03 보기의 제시된 단어를 조합하여 아래의 문장을 완성해 보세요.

보기

在 北京大学 有名的 中国

是 大学 非常

[ ][ ][ ][ ][ ][ ][ ]。

베이징대학은 중국에서 매우 유명한 대학이다.

정답 01 ② 02 认真 03 北京大学在中国是非常有名的大学。

생생 정보

중국의 유명한 대학

〈사진 : 北京大学, 未名湖 wèimínghú〉

- 베이징 대학(北京大学), 칭화대학(清华大学)
  (유명한 정치인, 주석 배출)

- 지방의 중요대학
  복단대학(复旦大学), 절강대학(浙江大学) 등

06

경극 관람 / 기차 여행

학습목표

- 경극관람을 하면서 일어날 수 있는 중국어 회화를 말할 수 있다.
- 기차표를 사면서 일어날 수 있는 중국어 회화를 말할 수 있다.
- 기차 안에서 일어날 수 있는 중국어 회화를 말할 수 있다.

학습내용

- 경극관람과 관련된 중국어 기초 회화 및 단어 학습
- 기차표 구매와 관련된 중국어 기초 회화 및 단어 학습
- 기차 여행과 관련된 중국어 기초 회화 및 단어 학습

경극관람장

16 看京剧 (경극 관람)

01.	京剧	jīngjù	경극
02.	场	chǎng	(연극의) 장면 / 회, 번, 차례 [양사]
03.	张	zhāng	장 [납작한 것을 세는 양사]
04.	行	xíng	되다, 허락하다 / 걷다
05.	那么	nàme	그러면
06.	只	zhǐ	단지, ~만
07.	用	yòng	사용하다
08.	眼睛	yǎnjing	눈

看京剧

Kàn Jīngjù

民浩

这场京剧很有名。

Zhè chǎng jīngjù hěn yǒumíng.

이 경극은 매우 유명해.

智贤

真没想到还能看一场京剧。我照张相，行吗？

Zhēn méi xiǎngdao hái néng kàn yì chǎng jīngjù. Wǒ zhào zhāng xiàng, xíng ma?

경극을 볼 수 있으리라고는 정말 생각지도 못했어. 사진 찍어도 될까?

民浩

看京剧时，不可以照相。

Kàn jīngjù shí, bù kěyǐ zhàoxiàng.

경극 볼 때에는 사진 찍으면 안돼.

智贤

好。那么，只用眼睛看吧。

Hǎo. Nàme, zhǐ yòng yǎnjing kàn ba.

좋아. 그럼 눈으로만 볼게.

학습평가

01 보기의 단어에 해당하는 발음을 고르세요.

보기

京剧

① jǐngjù　② jīngjù　③ jǐngjū　④ jìngjù

02 빈칸에 알맞은 단어를 골라 넣으세요.

보기

张　场

这 ☐ 京剧很有名。

03 문장을 어순에 맞게 배열하세요.

보기

用　吧　眼睛　只　看

☐☐☐☐☐。

정답　01 ②　02 场　03 只用眼睛看吧。

생생 정보

중국의 경극

- 베이징(北京)에서 발전하였다고 하여 경극이라고 한다.
- '베이징 오페라'라고도 불리며 창(唱, 노래) · 염(念, 대사) · 주(做, 동작) · 타(打, 무술)의 4가지가 종합된 공연 예술이다.
- 경극은 중국 전역에서 폭넓게 공연되고 있지만 특히 베이징과 텐진, 상하이가 경극의 중심지이다.

17 买火车票 (기차표 사기)

01.	火车	huǒchē	기차
02.	问	wèn	묻다
03.	明天	míngtiān	내일
04.	上午	shàngwǔ	오전
05.	点	diǎn	시(時)
06.	青岛	Qīngdǎo	칭다오(도시 이름)
07.	哪	nǎ	어느(불특정한 하나를 가리킴)
08.	种	zhǒng	종, 종류
09.	座位	zuòwèi	좌석
10.	软卧	ruǎnwò	일등 침대 칸

买火车票

Mǎi huǒchē piào

素英

请问，有明天上午九点去青岛的火车票吗？

Qǐngwèn, yǒu míngtiān shàngwǔ jiǔdiǎn qù Qīngdǎo de huǒchē piào ma?

실례합니다, 내일 오전 9시에 칭다오가는 기차표 있나요?

售票员

有，您要哪种座位？

Yǒu, nín yào nǎ zhǒng zuòwèi?

있습니다, 어떤 좌석을 원하세요?

素英

我要四张软卧票。

Wǒ yào sì zhāng ruǎnwò piào.

저는 일등침대칸 네장이 필요합니다.

售票员

好的，四张明天上午九点去青岛的软卧票，给您。

Hǎo de, sì zhāng míngtiān shàngwǔ jiǔdiǎn qù Qīngdǎo de ruǎnwò piào, gěi nín.

알겠습니다. 내일 오전 9시 칭다오가는 일등 침대칸 네 장, 드릴게요.

학습평가

01 보기의 단어에 해당하는 발음을 고르세요.

보기

座位

① zuòwēi　② zuòwéi　③ zuòwěi　④ zuòwèi

02 빈칸에 들어갈 알맞은 단어를 고르세요.

보기

我要四 ☐ 软卧票。

① 条　② 杯　③ 张　④ 口

03 보기에 제시된 단어를 순서에 맞게 배열하세요.

보기

哪种　座位　您　要

☐☐☐☐?

정답　01 ④　02 ③　03 您要哪种座位?

생생 정보

중국 기차 좌석의 종류

좌석칸

침대칸

- 软卧(ruǎnwò) : 4인 1실의 일등 침대석으로 독립된 문이 있음
- 硬卧(yìngwò) : 일반 침대석, 상중하 3층의 침대로 구성됨
- 软座(ruǎnzuò) : 상등석 좌석
- 硬座(yìngzuò) : 일반석 좌석

18 在火车上 (기차 안에서)

01.	需要	xūyào	필요하다, 요구되다
02.	左右	zuǒyòu	~가량, ~쯤
03.	先	xiān	먼저
04.	睡	shuì	자다
05.	一会儿	yíhuìr	잠깐, 잠시
06.	够	gòu	충분하다
07.	饿	è	배고프다
08.	盒饭	héfàn	도시락

在火车上

Zài huǒchē shang

民浩

到青岛需要八个小时左右。

Dào Qīngdǎo xūyào bā ge xiǎoshí zuǒyòu.

칭다오까지 8시간 정도 걸린다.

智贤

那我先睡一会儿。

Nà wǒ xiān shuì yíhuìr.

그럼 나 먼저 좀 잘게.

智贤

我睡够了, 我们吃点什么吧。

Wǒ shuì gòu le, wǒmen chī diǎn shénme ba.

나 충분히 잤는데, 우리 뭐 좀 먹자.

民浩

我也饿了, 吃个盒饭吧。

Wǒ yě è le, chī ge héfàn ba.

나도 배고파, 도시락 먹자.

학습평가

01 보기의 단어에 해당하는 발음을 고르세요.

보기

睡

① shuǐ　② shuì　③ shuǎ　④ shuà

02 보기의 단어가 들어갈 알맞은 위치를 고르세요.

보기

够

① 我 ② 睡 ③ 了 ④

03 보기의 제시된 단어를 골라 아래의 문장을 완성해 보세요.

보기

左　右　点

我们吃 [ ] 什么吧。

정답 01 ② 02 ③ 03 点

생생 정보

중국의 기차 종류

- 高铁(gāotiě) : 고속열차, 가장 빠른 열차
- 动车(dòngchē) : 高铁 다음으로 빠른 열차
- 直达特快(zhídátèkuài) : 최고 속도 160km/h
- 特快(tèkuài) : 최고 속도 140km/h
- 快车(kuàichē) : 최고 속도 120km/h

07

칭다오 여행

학습목표

- 5.4 광장에서 일어날 수 있는 중국어 회화를 말할 수 있다.
- 칭다오 해변에서 일어날 수 있는 중국어 회화를 말할 수 있다.
- 칭다오 맥주 페스티벌에서 일어날 수 있는 중국어 회화를 말할 수 있다.

학습내용

- 5.4 광장과 관련된 중국어 기초 회화 및 단어 학습
- 칭다오 해변과 관련된 중국어 기초 회화 및 단어 학습
- 칭다오 맥주 페스티벌과 관련된 중국어 기초 회화 및 단어 학습

5.4 광장

19 在五四广场
(5.4 광장에서)

01.	五四	Wǔ Sì	五四运动(5·4 운동)의 준말
02.	那个	nàge	저것, 그것
03.	红色	hóngsè	빨강, 붉은색
04.	雕像	diāoxiàng	조각상
05.	月	yuè	월, 달
06.	风	fēng	바람
07.	大	dà	크다
08.	壮观	zhuàngguān	장관이다, 멋지다
09.	晚上	wǎnshang	저녁
10.	更	gèng	더욱, 훨씬
11.	好看	hǎokàn	보기좋다, 예쁘다

在五四广场

Zài WǔSì guǎngchǎng

素英

那个红色雕像是什么呢?

Nàge hóngsè diāoxiàng shì shénme ne?

저 붉은색 조형물은 무엇인가요?

路人

5月的风。

Wǔ yuè de fēng。

'5월의 바람'입니다.

素英

真的很大, 很壮观。

Zhēnde hěn dà, hěn zhuàngguān。

정말 크고, 멋지네요.

路人

晚上看更好看。

Wǎnshang kàn gèng hǎokàn。

저녁에 보는 것이 더 예뻐요.

학습평가

01 보기의 단어에 해당하는 발음을 고르세요.

보기

红色

① hóngse ② hóngsé
③ hòngse ④ hóngsè

02 빈칸에 알맞은 단어를 쓰세요.

真的很大，很(zhuàngguān)。

03 문장을 어순에 맞게 배열하여 다음 대화를 완성하세요.

보기

什么 红色 那个 是 呢 雕像

A : □□□□□□?
B : 5月的风。

정답 01 ④ 02 壮观 03 那个红色雕像是什么呢?

생생 정보

칭다오(青島, Qīngdǎo) 소개

- 위치 : 산둥성 동부, 남쪽은 황해에 접함
- 쟈오둥[膠東] 지구의 최대 상공업 도시로 중국 중점 개발 항구
- 특산물 : 칭다오 맥주

20 青岛海边
(칭다오 해변)

01.	海边	hǎibiān	해변, 바닷가
02.	宽	kuān	넓다
03.	游览船	yóulǎnchuán	유람선
04.	走	zǒu	걷다
05.	可以	Kěyǐ	~할 수 있다, ~해도 된다

青岛海边

Qīngdǎo hǎibiān

智贤

海边真的很宽。

Hǎibiān zhēnde hěn kuān.

해변이 정말 넓다.

东建

我们走一走海边吧。

Wǒmen zǒuyzǒu hǎibiān ba.

우리 해변 좀 걷자.

民浩

可以坐游览船吗?

Kěyǐ zuò yǒulǎnchuán ma?

유람선을 탈 수 있을까요?

售票员

可以呀。

Kěyǐ ya。

가능합니다.

학습평가

01 보기의 단어에 해당하는 발음을 고르세요.

보기

海边

① háibian ② hàibiàn ③ hǎibiān ④ hāibiǎn

02 보기에서 알맞은 단어를 골라 넣어보세요.

보기

坐 走 是

我们 [ ] 游览船吧。

03 보기에 제시된 단어를 어순에 맞게 배열하세요.

보기

坐 游览船 可以 吗

[ ] [ ] [ ] [ ] ?

유람선을 탈 수 있을까요?

정답 01 ③ 02 坐 03 可以坐游览船吗?

생생 정보

칭다오 관광지 BEST 5

- 칭다오 맥주 박물관
- 잔교(栈桥, zhànqiáo)
- 천주교당
- 신호산 공원(信号山公园 xìnhàoshāngōngyuán)
- 5·4광장 등

21 青岛啤酒节 (칭다오 맥주 페스티벌)

01.	喝	hē	마시다
02.	啤酒	píjiǔ	맥주
03.	浓郁	nóngyù	(향기 등이) 짙다, 강하다
04.	还是	háishi	아니면(선택의문문) / 여전히, 아직도
05.	口感	kǒugǎn	입맛
06.	温和	wēnhé	따뜻하다, 부드럽다

青岛啤酒节

Qīngdǎo píjiǔ jié

民浩

可以喝啤酒吗?

Kěyǐ hē píjiǔ ma?

맥주 마셔봐도 되나요?

服务员

可以喝。

Kěyǐ hē。

네, 마셔도 돼요.

服务员

要味道浓郁的还是口感温和的?

Yào wèidao nóngyù de háishi kǒugǎn wēnhé de?

진한 맥주와 부드러운 맥주 중 무엇으로 드릴까요?

民浩

要口感温和的。

Yào kǒugǎn wēnhé de。

부드러운 맥주 주세요.

학습평가

01 보기의 단어에 해당하는 발음을 고르세요.

보기

可以

① kěyǐ　② kěyī　③ kěyì　④ kěyi

02 알맞은 단어를 넣어 대화를 완성해 보세요.

要味道浓郁的 ______ 口感温和的?

03 알맞은 단어를 넣어 보세요.

보기

要　喝　是

可以 ______ 啤酒吗?

정답　01 ①　02 还是　03 喝。

생생 정보

칭다오 국제 맥주 페스티벌

- 지역 관광 활성화를 위해 1991년 8월 처음 축제를 시작
- 개최 시기 : 매년 8월 둘째 주 주말부터 16일간
- 아시아 최대의 맥주 축제이자 세계 4대 맥주 축제로 인정받음
- 축제가 진행되는 동안 음주대회를 비롯해 다양한 음식과 공연이 펼쳐짐

08

상하이에서

학습목표

- 상하이에서 일어날 수 있는 중국어 회화를 말할 수 있다.
- 와이탄에서 일어날 수 있는 중국어 회화를 말할 수 있다.
- 동방명주 타워에서 일어날 수 있는 중국어 회화를 말할 수 있다.

학습내용

- 상하이와 관련된 중국어 기초 회화 및 단어 학습
- 와이탄과 관련된 중국어 기초 회화 및 단어 학습
- 동방명주 타워와 관련된 중국어 기초 회화 및 단어 학습

상하이

상하이에서

22 到上海
(상하이에 도착해서)

01.	上海	Shànghǎi	상해, 상하이
02.	建筑物	jiànzhùwù	건축물
03.	高	gāo	(높이가) 높다
04.	哇	wà	와! (놀람을 나타내는 감탄사)
05.	发展	fāzhǎn	발전하다
06.	得	de	정도를 나타내는 보어와 연결시킴
07.	因为	yīnwèi	왜냐하면
08.	经济中心	jīngjìzhōngxīn	경제 중심지

到上海

Dào Shànghǎi

素英

我们到上海了!

Wǒmen dào Shànghǎi le!

우리 상하이에 도착했어!

民浩

上海的建筑物都很高, 真好看!

Shànghǎi de jiànzhùwù dōu hěn gāo, zhēn hǎokàn!

상하이의 건축물은 모두 높다, 정말 예쁘다!

东建

哇, 上海发展得真快。

Wà, Shànghǎi fāzhǎn de zhēn kuài.

와, 상하이는 발전이 정말 빠르다.

智贤

那是因为上海是中国的经济中心。

Nà shì yīnwèi Shànghǎi shì Zhōngguó de jīngjì zhōngxīn.

그건 왜냐하면 상하이가 중국의 경제 중심지이기 때문이야.

학습평가

01 보기의 단어에 해당하는 발음을 고르세요.

보기

上海

① Shànghài ② Shǎnghǎi ③ Shānghāi ④ Shànghǎi

02 빈칸에 알맞은 단어를 골라 넣으세요.

보기

上海(　　　)得真快。 상하이는 발전이 정말 빠르다.

① 厉害 ② 经济中心 ③ 建筑物 ④ 发展

03 문장을 어순에 맞게 배열하세요.

보기

经济 的 是 因为 上海 那 是 中心 中国

□□□□□□□□□。

그건 왜냐하면 상하이가 중국의 경제 중심지이기 때문이야.

정답 01 ④ 02 ④ 03 那是因为上海是中国的经济中心。

생생 정보

상하이 대한민국 임시정부 청사

- 1919년 4월 11일에 설립됨
- 3.1 운동 이후 일본 통치에 조직적으로 항거하기 위해 세워져 광복을 위해 힘씀
- 중국에 세워진 첫 번째 대한민국 망명정부로 이후 1945년 광복까지 상하이에서 항저우(杭州), 전장(镇江), 창사(长沙), 류저우(柳州), 치장(綦江), 충칭(重庆) 등지로 청사를 옮기며 광복운동을 전개함

23 在外滩 (와이탄에서)

01.	浦东新区	pǔdōngxīnqū	푸동 신개발 지구
02.	外滩	wàitān	와이탄
03.	对面	duìmiàn	맞은 편
04.	东方明珠塔	Dōngfāngmíngzhūtǎ	동방명주 타워
05.	夜景	yèjǐng	야경
06.	华丽	huálì	화려하다, 아름답다
07.	灯光	dēngguāng	조명, 불빛
08.	漂亮	piàoliang	아름답다
09.	游船	yóuchuán	유람선
10.	好像	hǎoxiàng	마치 ~처럼
11.	加拿大	Jiānádà	캐나다 (Canada)
12.	多伦多	Duōlúnduō	토론토
13.	一样	yíyàng	똑같다

在外滩

Zài wàitān

民浩

你们看到的是上海的浦东新区。

Nǐmen kàndao de shì Shànghǎi de pǔdōng xīnqū.

너희들이 보고 있는 곳이 상하이의 푸동지구야.

智贤

哇! 外滩对面是东方明珠塔, 夜景真华丽。

Wā! wàitān duìmiàn shì Dōngfāng míngzhū tǎ, yèjǐng zhēn huálì.

와! 와이탄 맞은편에 있는 것이 동방명주 타워인데, 야경이 정말 화려하다.

素英

游船的灯光也很漂亮。

Yóuchuán de dēngguāng yě hěn piàoliang.

유람선의 불빛도 매우 아름답다.

东建

就好像看加拿大多伦多的夜景一样。

Jiù hǎoxiàng kàn Jiā'nádà Duōlúnduō de yèjǐng yíyàng.

마치 캐나다 토론토의 야경을 보는 것 같아.

학습평가

01 보기의 단어에 해당하는 발음을 고르세요.

보기

华丽

① huálǐ　② huàlì　③ huālǐ　④ huálì

02 보기에서 알맞은 단어를 골라 넣어보세요.

보기

不　哇　是

你们看到的 ☐ 上海的浦東新区。

너희들이 보고 있는 곳이 상하이의 푸동지구야.

03 보기에 제시된 단어를 골라 아래의 문장을 완성해 보세요.

보기

是　而且　也　的

游船的灯光 ☐ 很华丽。

유람선의 불빛도 매우 화려하다.

정답　01 ④　02 是　03 也

생생 정보

와이탄 소개

- 와이탄(外灘)은 상하이 관광의 제1명소
- 여행자를 위한 강변 산책로를 일컬음
- 상하이의 주요 건물과 야경을 가장 잘 조명할 수 있는 포인트
- 황푸강(黃浦江)에서 유람선을 타면 와이탄과 푸동지구 양쪽의 야경을 한 번에 구경할 수 있음

24 东方明珠塔 (동방명주 타워)

01.	全球	quánqiú	지구 전체
02.	第	dì	(수사 앞에서) 제 / 순서, 차례
03.	几	jǐ	몇
04.	高	gāo	높다
05.	高度	gāodù	고도, 높이
06.	不仅	bùjǐn	단지 ~만 아니라
07.	广州	Guǎngzhōu	광저우
08.	还有	háiyǒu	그리고, 또한
09.	建造	jiànzào	짓다, 건축하다
10.	发展	fāzhǎn	발전하다
11.	快	kuài	빠르다

东方明珠塔

Dōngfāng míngzhū tǎ

民浩

东方明珠塔是全球第几高的塔呢?

Dōngfāng míngzhū tǎ shì quánqiú dì jǐ gāo de tǎ ne?

동방명주타워는 전세계에서 몇 번째로 높은 탑일까?

智贤

东方明珠塔的高度是468m, 是全球高塔之一。

Dōngfāng míngzhū tǎ de gāodù shì sìbǎi liùshí bā mǐ, shì quánqiú gāotǎzhī yī.

동방명주타워는 높이 468m로, 세계에서 높은 탑 중 하나야.

素英

中国不仅有东方明珠塔, 在广州还有高度600m的广东塔。

Zhōngguó bùjǐn yǒu Dōngfāng míngzhū tǎ, zài Guǎngzhōu hái yǒu gāodù liùbǎi mǐ de Guǎngdōng tǎ.

중국에는 동방명주타워뿐만 아니라 광저우에 600m 높이인 광동탑이 있어.

东建

哇! 中国建造出全球两个高塔,发展得太快了。

Wà! Zhōngguó jiànzào chū quánqiú liǎng ge gāo tǎ, fāzhǎn de tài kuài le.

와! 중국은 세계에서 높은 탑을 2개나 건설했네, 너무 빠르게 발전하는구나.

학습평가

01 보기의 단어에 해당하는 발음을 고르세요.

보기

建造

① jiànzào ② jiànzhū ③ jiānzhù ④ jiànzhāo

02 보기에 제시된 단어를 넣어 다음의 문장을 완성해 보세요.

보기

几 不 广

东方明珠塔是全球第 ☐ 高的塔呢?

동방명주타워는 전세계에서 몇 번째로 높은 탑일까?

03 어순에 맞게 배열하여 아래의 문장을 만들어 보세요.

보기

快 得 了 发展 太

☐☐☐☐☐。

너무 빠르게 발전하는구나.

정답 01 ① 02 几 03 发展得太快了。

생생 정보

광저우 타워(광동탑) 소개

- 정식 명칭은 광저우 TV 전망 타워
- 광저우 시에 위치, 지상 600m의 높이
- 2010년(광저우 아시안게임)에 개장
- 광저우 타워 건립 전에는 상하이에 있는 동방명주타워가 중국에서 최고층 탑이었음

09

항저우/쑤저우 여행

학습목표

- 항저우 서호에서 일어날 수 있는 중국어 회화를 말할 수 있다.
- 우쩐에서 일어날 수 있는 중국어 회화를 말할 수 있다.
- 쑤저우 정원에서 일어날 수 있는 중국어 회화를 말할 수 있다.

학습내용

- 항저우 서호과 관련된 중국어 기초 회화 및 단어 학습
- 우쩐과 관련된 중국어 기초 회화 및 단어 학습
- 쑤저우 정원과 관련된 중국어 기초 회화 및 단어 학습

항저우 서호

25 在杭州西湖
(항저우 서호에서)

01.	杭州	Hángzhōu	항저우(항주)
02.	海	hǎi	바다
03.	西湖	Xīhú	서호
04.	周围	zhōuwéi	주변
05.	搭配	dāpèi	어울리다
06.	句	jù	문장, 구
07.	俗话	súhuà	속담
08.	天堂	tiāntáng	천당

在杭州西湖

Zài Hángzhōu Xīhú

素英

民浩, 这儿是海还是湖?

Mínhào, zhèr shì hǎi háishi hú?

민호야, 이곳이 바다야 아니면 호수야?

民浩

这儿是湖, 叫 '西湖', 是杭州非常有名的湖。

Zhèr shì hú, jiào 'Xīhú', shì Hángzhōu fēicháng yǒumíng de hú.

여긴 '서호'라는 호수야, 항저우에서 아주 유명한 호수지.

智贤

真漂亮, 湖和周围的建筑很搭配。

Zhēn piàoliang, hú hé zhōuwéi de jiànzhù hěn dāpèi.

정말 아름답다, 호수랑 주변 건축이 잘 어울려.

东建

所以在中国有句俗话, "上有天堂, 下有苏杭"。

Suǒyǐ zài Zhōngguó yǒu jù súhuà, "Shàng yǒu tiāntáng, xià yǒu Sū Háng."

그래서 중국에 "위에는 천당이 있고, 아래에는 쑤저우와 항저우가 있다." 는 속담도 있잖아.

학습평가

01 보기의 단어에 해당하는 발음을 고르세요.

보기

俗话

① sùhuà ② sùhua ③ súhuà ④ sùhuá

02 빈칸에 알맞은 단어를 골라 넣으세요.

보기

搭配 有名 漂亮

他和她很 ☐。
그와 그녀는 매우 잘 어울려.

03 문장을 어순에 맞게 배열하세요.

보기

天堂 有 上 苏杭 有 下

☐☐☐☐☐☐。
위에는 천당이 있고, 아래에는 쑤저우와 항저우가 있다.

정답 01 ③ 02 搭配 03 上有天堂, 下有苏杭。

생생 정보

항저우 소개

- 중국 저장성[浙江省]의 성도(省都)
- 남송시대의 수도
- 아름다운 경치와 유구한 역사로 중국인들도 많이 찾는 중국의 3대 관광지
- 녹차의 초고급품으로 알려진 롱징차(龍井茶)와 비단의 산지

26 去乌镇
(우쩐에 가서)

01.	乌镇	Wūzhèn	우쩐(항저우 옆의 수상 도시)
02.	乡镇	xiāngzhèn	소도시, 규모가 작은 지방 도시
03.	江南	jiāngnán	양쯔강 이남
04.	水乡	shuǐxiāng	수상 도시
05.	观光	guānguāng	관광하다
06.	座	zuò	건물 · 다리 등을 세는 양사
07.	桥	qiáo	다리, 교량
08.	名字	míngzi	이름
09.	称	chēng	부르다

去乌镇

Qù wūzhèn

民浩

乌镇是水乡镇，江南水乡之一，所以能坐船观光啊。

Wūzhèn shì shuǐxiāngzhèn, jiāngnán shuǐxiāng zhī yī, suǒyǐ néng zuò chuán guānguāng a.

우쩐은 수상도시로서 양쯔강 이남의 수향 중 하나야, 그래서 배를 타고 관광할 수 있어.

智贤

哇！桥多极了，风景也很美。

Wà! qiáo duō jí le, fēngjǐng yě hěn měi.

와! 다리가 정말 많고 풍경 또한 아름답다.

素英

那座桥叫什么名字呢？

Nà zuò qiáo jiào shénme míngzi ne?

저 다리 이름이 무엇일까?

东建

是通济桥和人济桥，人们称为桥里桥。

Shì tōngjìqiáo hé rénjìqiáo, rénmen chēng wéi qiáo lǐ qiáo.

통지차오와 런지차오야, 사람들이 차오리차오(다리 안의 다리)라고 불러.

학습평가

01 보기의 단어에 해당하는 발음을 고르세요.

보기

桥

① qiāo ② qiào ③ qiǎo ④ qiáo

02 보기에서 알맞은 단어를 골라 넣어보세요.

보기

极 呢 之

哇! 桥多 ☐ 了, 风景也很美。

와! 다리가 정말 많고 풍경 또한 아름답다.

03 어순에 맞게 문장을 완성해 보세요.

보기

呢 什么 桥 那 名字 座 叫

☐ ☐ ☐ ☐ ☐ ☐ ☐ ?

저 다리 이름이 무엇일까?

정답 01 ④ 02 极 03 那座桥叫什么名字呢？

생생 정보

우쩐 소개

- 저장성(浙江省) 자싱(嘉兴)에 위치
- 인구 6,000명 정도, 면적 46.5km^2
- 양쯔강의 남쪽에 위치, 2000년의 역사를 가진 수상 마을
- 고풍스럽고 아늑하게 느껴지는 수로와 돌다리가 인상적이며 중국에서 가장 로맨틱한 야경으로 유명

27 在苏州园林 (쑤저우 정원에서)

01.	苏州	Sūzhōu	쑤저우(소주)
02.	园林	yuánlín	정원, 원림
03.	优美	yōuměi	우아하고 아름답다
04.	独特	dútè	독특하다, 특별하다
05.	魅力	mèilì	매력
06.	世界遗产	shìjièyíchǎn	(유네스코가 정한) 세계문화 · 자연유산
07.	果然	guǒrán	과연, 아니나 다를까
08.	名不虚传	míngbùxūchuán	명성이나 명예가 헛되지 않다, 명실상부하다

在苏州园林

Zài Sūzhōu yuánlín

智贤

哇！苏州园林的风景不仅很优美，也很独特。

Wā! Sūzhōu yuánlín de fēngjǐng bùjǐn hěn yōuměi, yě hěn dútè.

와! 쑤저우 정원은 풍경이 아름다울 뿐만 아니라 매우 독특하다.

东建

那是苏州园林的魅力。

Nà shì Sūzhōu yuánlín de mèilì.

그것이 쑤저우 정원의 매력이지.

素英

听说苏州园林是世界文化遗产之一。

Tīngshuō Sūzhōu yuánlín shì shìjiè wénhuà yíchǎn zhī yī.

듣자 하니 쑤저우 정원은 세계문화유산 중 하나래.

民浩

果然名不虚传。

Guǒ rán míngbùxūchuán.

과연, 명불허전이다.

학습평가

01 보기의 단어에 해당하는 발음을 고르세요.

보기

魅力

① měilì ② méilì ③ mèilì ④ mèili

02 보기에서 알맞은 단어를 고르세요.

보기

有 之 不

果然名 ☐ 虚传。

과연, 명불허전이다.

03 어순에 맞게 배열하여 다음 문장을 완성해 보세요.

보기

的 园林 是 那 苏州 魅力

☐☐☐☐☐☐。

그것이 쑤저우 정원의 매력이지.

정답 01 ③ 02 不 03 那是苏州园林的魅力。

생생 정보

쑤저우 소개

- 장쑤성(江蘇省) 남동부 타이후(太湖) 동쪽에 있는 호반 도시
- 춘추시대 월나라의 수도, 후에 남송의 수도
- 시내 전체가 운하로 '물의 도시'로 불림
- 쑤저우의 아름다운 9개의 전통정원은 예술과 자연과 사상을 통합한 중국 정원의 최고 걸작으로 불림

10

원난 여행

학습목표

- 쿤밍에서 일어날 수 있는 중국어 회화를 말할 수 있다.
- 소수민족 도시에서 일어날 수 있는 중국어 회화를 말할 수 있다.
- 후타오샤에서 일어날 수 있는 중국어 회화를 말할 수 있다.

학습내용

- 쿤밍과 관련된 중국어 기초 회화 및 단어 학습
- 소수민족과 관련된 중국어 기초 회화 및 단어 학습
- 후타오샤과 관련된 중국어 기초 회화 및 단어 학습

쿤밍에서

28 在昆明
(쿤밍에서)

01.	昆明	Kūnmíng	쿤밍(곤명)
02.	天气	tiānqì	날씨, 일기
03.	比	bǐ	~에 비해, ~보다
04.	暖和	nuǎnhuo	따뜻하다, 따사롭다
05.	春城	chūnchéng	봄의 도시 '昆明(쿤밍)'의 별칭
06.	一年四季	yìniánsìjì	한 해, 일 년 내내, 일 년 사계절
07.	春天	chūntiān	봄
08.	有的人	yǒuderén	어떤 사람
09.	穿	chuān	(옷 · 신발 · 양말 등을) 입다
10.	少数民族	shǎoshùmínzú	소수 민족
11.	服装	fúzhuāng	복장, 의복
12.	异国情调	yìguóqíngdiào	이국적 분위기

在昆明

Zài Kūnmíng

民浩

昆明的天气很好，比北京暖和多了。

Kūnmíng de tiānqì hěn hǎo, bǐ Běijīng nuǎnhuo duō le.

쿤밍은 날씨가 정말 좋다, 베이징보다 많이 따듯해.

素英

昆明是春城，一年四季都是春天。

Kūnmíng shì chūnchéng, yìnián sìjì dōu shì chūntiān.

쿤밍은 봄의 도시로, 일 년 사계절이 모두 봄이야.

智贤

有的人还穿了异国情调的服装。

Yǒuderén hái chuān le yìguó qíngdiào de fúzhuāng.

어떤 사람들은 이국적인 분위기의 의상을 입고 있네.

东建

啊~ 他们是中国的少数民族，昆明有很多少数民族。

À~ tāmen shì zhōngguó de shǎoshù mínzú, Kūnmíng yǒu hěn duō shǎoshù mínzú.

아~ 그들은 중국의 소수민족이야, 쿤밍에는 많은 소수민족이 있어.

학습평가

01 보기의 단어에 해당하는 발음을 고르세요.

보기

春天

① chúntián　　② chùntiān

③ chǔntiàn　　④ chūntiān

02 빈칸에 알맞은 단어를 골라 넣으세요.

보기

春天　春城

昆明是 □，一年四季都是 □。

Kūnmíng shì chūnchéng, yìniánsìjì dōu chūntiān.

03 문장을 어순에 맞게 배열하세요.

보기

少数民族　多　很　昆明　有

□□□□□。

Kūnmíng yǒu hěn duō shǎoshù mínzú.

정답　01 ④　02 春城, 春天　03 昆明有很多少数民族。

생생 정보

쿤밍 소개

- 중국 윈난성(雲南省)의 성도(省都)
- 연평균 기온 15℃로 항상 꽃이 만발하고 수목이 우거져 있어 '봄의 도시'라는 별명이 붙음
- 25개의 소수민족이 함께 살고 있어 '소수민족의 요람'이라고 불림
- 주요 관광지로는 윈난 민속촌, 석림(石林), 쿤밍호 등이 있음

29 少数民族 (소수민족)

01.	干	gàn	(~을) 하다
02.	纳西族	Nàxīzú	나시족
03.	活动	huódòng	행사
04.	不是~吗？	búshì ~ma?	~이 아닌가?
05.	有趣	yǒuqù	흥미롭다
06.	游客	yóukè	여행객
07.	气氛	qìfēn	분위기
08.	外国人	wàiguórén	외국인

少数民族

Shǎoshù mínzú

素英

请问，他们在干什么？

Qǐngwèn, tāmen zài gàn shénme?

말씀 좀 여쭙겠습니다, 그들은 뭐하고 있는 거예요?

外国人

这是纳西族的活动。

Zhè shì Nàxīzú de huódòng.

이것은 나시족의 행사입니다.

智贤

纳西族？那不是少数民族吗？真有趣。

Nàxīzú? Nà bú shì shǎoshù mínzú ma? Zhēn yǒuqù.

나시족? 소수민족 아니야? 정말 흥미롭다.

民浩

因为有纳西族和游客，所以这里的气氛很独特。

Yīnwèi yǒu Nàxīzú hé yóukè, suǒyǐ zhèli de qìfēn hěn dútè.

나시족과 여행객으로 인해 여기 분위기가 매우 독특해.

학습평가

01 보기의 단어에 해당하는 발음을 고르세요.

보기

huódòng | qìfēn | yǒuqù | dútè

有趣		活动	
气氛		独特	

02 빈칸에 알맞은 병음을 쓰세요.

那不是少数民族吗？

Nà bú shì ________ ma?

03 어순에 맞게 배열하여 하나의 문장을 만들어 보세요.

보기

他们 | 什么 | 在 | 请问 | 干

□, □□□□?

말씀 좀 여쭙겠습니다, 그들은 뭐하고 있는 거예요?

정답
01 有趣 - yǒuqù, 活动 – huódòng, 气氛 – qìfēn, 独特 - dútè
02 shǎoshù mínzú　03 请问, 他们在干什么？

생생 정보

중국의 소수민족

- 중국은 다수민족인 한족과 55개의 소수민족으로 이루어짐
- 한족이 중국 전체 인 가운데 약 91.5%, 나머지 55개 소수민족이 약 8.5% 차지
- 55개의 소수민족으로는 장족(壮族, Zhuàngzú), 만주족(满族, Mǎnzú), 회족(回族, Huízú), 묘족(苗族, Miáozú), 위구르족(维吾尔族, Wéiwú'ěrzú), 몽골족(蒙古族, Měnggǔzú), 조선족(朝鲜族, Cháoxiǎnzú) 등이 있음

30 去虎跳峡 (후타오샤에 가서)

01.	虎跳峡	Hǔtiàoxiá	후타오샤(호도협)
02.	水势	shuǐshì	물살, 물의 형세
03.	猛	měng	사납다, 맹렬하다, 세차다
04.	馒头	mántou	만터우, 찐빵(소를 넣지 않고 밀가루만을 발효시켜 만든 것)
05.	起源	qǐyuán	기원
06.	举行	jǔxíng	거행하다, 지내다
07.	祭祀	jìsì	제사
08.	水流	shuǐliú	물의 흐름
09.	平缓	pínghuǎn	완만하다
10.	代替	dàitì	대체하다, 대신하다
11.	人头	réntóu	사람의 머리
12.	使	shǐ	…시키다, …하게 하다

去虎跳峡

Qù Hǔtiàoxiá

素英

哇! 虎跳峡的水势太猛了。

Wā! Hǔtiàoxiá de shuǐshì tài měng le.

와! 후타오샤 물살이 엄청 세구나.

东建

我想起来了 - 馒头的起源就是从虎跳峡开始的。

Wǒ xiǎng qǐlái le – mántou de qǐyuán jiù shì cóng Hǔtiàoxiá kāishǐ de.

만터우 기원이 후타오샤에서 시작됐다는 것이 떠올랐어.

智贤

真的吗? 馒头的起源是虎跳峡吗?

Zhēnde ma? Mántou de qǐyuán shì Hǔtiàoxiá ma?

정말? 만터우 기원이 후타오샤에서 시작됐어?

民浩

嗯, 为了使水流平缓, 就用馒头代替人头举行祭祀。

Ǹg, wèile shǐ shuǐliú pínghuǎn, jiù yòng mántou dàitì réntou jǔxíng jìsì.

응, 후타오샤의 물살을 잔잔하게 하기 위하여 사람의 머리를 대신하여 만터우로 제사를 지냈다고 해.

학습평가

01 보기의 단어에 해당하는 발음을 고르세요.

보기

馒头

① mǎntóu ② mántōu ③ mántou ④ mǎntou

02 보기에 제시된 단어를 알맞게 배열하여 하나의 문장을 완성해 보세요.

보기

人头 祭祀 用 馒头 代替 举行

□□□□□□。

사람의 머리를 대신하여 만터우로 제사를 지냈다.

03 보기의 제시된 단어를 골라 아래의 문장을 완성해 보세요.

보기

的 是 了

馒头的起源 □ 虎跳峡吗？

만터우기원이 후타오샤에서 시작됐어?

정답 01 ③ 02 用馒头代替人头举行祭祀。 03 是

생생 정보

만두의 발원지 후타오샤

"
속일 '만(瞞)'과 음이 같은 '만(饅)'을 빌려 '만두(饅頭)'라 함
"

송나라 때의 문헌인 사물기원(事物紀元)에 보면 만두의 기원에 대해 다음과 같이 설명하고 있습니다.

위·촉·오 삼국시대에 제갈량(诸葛亮)이 남만(南蛮)을 정벌하고 돌아오는 길에 심한 풍랑을 만났습니다. 함께 있던 사람들이 남만의 풍습에 따라 사람의 머리 아흔 아홉 개를 물의 신에게 제사를 지내야 한다고 했습니다. 그러자 제갈량이 밀가루로 사람의 머리 모양을 한 음식을 빚어 그것으로 제사를 지내자 풍랑이 가라앉았습니다. 여기서 만두란 이름이 나왔는데, '속일 만(瞞)'과 음이 같은 '만(饅)'을 빌려 '만두(饅頭)'라 했다고 합니다.

제갈량 : 제갈공명(诸葛孔明 Zhūgě kǒngmíng, 181-234)

11

꿰이린 여행

학습목표

- 양수어에서 일어날 수 있는 중국어 회화를 말할 수 있다.
- 꿰이린에서 일어날 수 있는 중국어 회화를 말할 수 있다.
- 응급상황으로 일어날 수 있는 중국어 회화를 말할 수 있다.

학습내용

- 양수어와 관련된 중국어 기초 회화 및 단어 학습
- 꿰이린과 관련된 중국어 기초 회화 및 단어 학습
- 응급상황과 관련된 중국어 기초 회화 및 단어 학습

양수어

31 坐船到阳朔
(배 타고 양수어 도착)

01.	阳朔	Yángshuò	양수어(양삭)
02.	一模一样	yìmúyíyàng	같은 모양 같은 모습이다
03.	当地人	dāngdì rén	현지인
04.	位	wèi	분, 명
05.	爷爷	yéye	할아버지
06.	钓鱼	diàoyú	낚시를 하다
07.	特色	tèsè	특색
08.	菜	cài	요리

坐船到阳朔

Zuò chuán dào Yángshuò

当地人

大家好，我给各位介绍一下阳朔。

Dàjiā hǎo, wǒ gěi gèwèi jièshào yíxià Yángshuò.

여러분 안녕하세요, 여러분에게 양수어에 대해 소개해 드릴께요.

民浩

啊，跟书上说的一模一样。

À, gēn shū shang shuō de yìmú yíyàng.

아, 책에서 말한 거랑 똑같네.

智贤

你们看看，那位爷爷在钓鱼啊。

Nǐmen kànkan, nà wèi yéye zài diàoyú a.

얘들아 봐봐, 저 할아버지께서 낚시하고 계셔.

当地人

对，用钓的鱼做的 "啤酒鱼“，是阳朔的特色菜。

Duì, yòng diào de yú zuò de “píjiǔ yú”, shì Yángshuò de tèsècài.

네, 낚시로 잡은 물고기로 만든 "啤酒鱼"는 양수어의 특색 요리에요.

학습평가

01 다음 대화에서 빈칸에 알맞은 단어를 고르세요.

보기

甲：他们长得很像。
(얼굴이 정말 닮았네.)

乙：是啊，________ .

① 人山人海　　② 名不虚传　　③ 一模一样

02 빈칸에 알맞은 단어를 쓰세요.

那位爷爷在 [ ] 啊。
저 할아버지께서 낚시하고 계셔.

03 다음 단어에 해당하는 것을 보기에서 고르세요.

보기

特色 [tèsè]　菜 [cài]

[ ] 특색　[ ] 요리

정답　01 ③　02 钓鱼　03 特色 [tèsè] 특색, 菜 [cài] 요리

생생 정보

양수어 소개

- 양수어(陽朔)
- 중국 광시 좡족 자치구(廣西壯族自治區) 꿰이린(桂林)에 있는 현(縣)
- 계림에서도 양수어의 풍경이 뛰어나 "阳朔山水甲天下"라는 말이 있음
- 기이한 봉우리와 골짜기가 많고 풍경이 수려해 중국의 관광지 중 보배로 꼽힘

32 桂林山水甲天下 (꿰이린의 산수는 천하제일)

01.	知道	zhīdao	알다, 이해하다
02.	桂林	Guìlín	꿰이린(계림, 광시(广西)좡족자치구에 위치, 중국의 유명한 명승지 중 하나임)
03.	山水	shānshuǐ	산수, 풍경
04.	句	jù	문장, 구절
05.	话	huà	말, 이야기
06.	意思	yìsi	의미, 뜻
07.	天下	tiānxià	천하, 세계, 온 세상
08.	第一	dìyī	제일이다
09.	每	měi	매, 각 …마다, 모두
10.	山	shān	산, 산 모양의 것
11.	洞	dòng	구멍, 굴, 동굴
12.	好	hǎo	형용사나 동사 앞에 쓰여 정도가 심함을 나타냄
13.	奇妙	qímiào	기묘하다, 신기하다
14.	景色	jǐngsè	경치
15.	天然	tiānrán	자연의, 천연적인

桂林山水甲天下
Guìlín shānshuǐ jiǎ tiānxià

民浩

你们知道“桂林山水甲天下”这句话吗？
Nǐmen zhīdao “Guìlín shānshuǐ jiǎ tiānxià” zhè jù huà ma?
너희 “계림산수갑천하”라는 말 알아?

智贤

我知道，意思就是：桂林的风景天下第一。
Wǒzhīdao, yìsi jiù shì : Guìlín de fēngjǐng tiānxià dì yī.
나 알아, 그 말의 의미는 ‘계림의 경치는 천하제일이다’ 잖아.

东建

果然名不虚传。每座山都有洞，好奇妙。
Guǒrán míngbùxūchuán. Měi zuò shān dōu yǒu dòng, hǎo qímiào.
과연, 그 말이 맞다. 모든 산에 동굴이 있어, 정말 신기하다.

素英

桂林的景色都是天然的。
Guìlín de jǐngsè dōu shì tiānrán de.
계림의 자연경관은 모두 천연적인 것이야.

학습 평가

01 보기의 단어에 해당하는 발음을 고르세요.

보기

山水

① shānshuī ② shānshuí ③ shānshuì ④ shānshuǐ

02 어순에 맞게 배열하여 다음 문장을 완성해 보세요.

보기

天下 桂林 第一 的 风景

□□□□□。

계림의 경치는 천하제일이다.

03 밑줄친 곳에 들어갈 알맞은 단어를 고르세요.

보기

桂林山水 ________ 。

Guìlín shānshuǐ jiǎ tiānxià.

① 名不虚传 ② 奇妙 ③ 甲天下 ④ 风景

정답 01 ④ 02 桂林的风景天下第一。 03 ③

생생 정보

계림의 산수

33 拉肚子了
(배탈이 났어요)

01.	肚子	dùzi	배
02.	疼	téng	아프다
03.	不舒服	bùshūfu	(몸이) 아프다, 불편하다, 편치 않다
04.	闹肚子	nàodùzi	배탈나다
05.	医院	yīyuàn	병원
06.	带	dài	데려가다

拉肚子了

Lā dùzi le

民浩

哎呀! 我肚子疼死了!

Àiyā! Wǒ dùzi téng sǐ le!

아이고! 나 배 아파 죽겠어!

智贤

你怎么了? 你哪里不舒服啊?

Nǐ zěnme le? Nǐ nǎli bù shūfu a?

왜 그래? 어디 아파?

素英

民浩昨天吃多了桂林菜, 好象闹肚子了。

Mínhào zuótiān chī duō le guìlín cài, hǎoxiàng nào dùzi le.

민호가 어제 계림 음식을 많이 먹더니, 배탈났나 보다.

东建

那么快去医院吧。我要带民浩去医院。

Nàme kuài qù yīyuàn ba. Wǒ yào dài Mínhào qù yīyuàn.

그럼 빨리 병원 가보자. 내가 민호 데리고 병원에 갈게.

학습평가

01 보기의 단어에 해당하는 발음을 고르세요.

보기

医院

① yīyuàn　② yìyuàn　③ yíyuàn　④ yǐyuǎn

02 단어를 넣어 문장을 완성해 보세요.

哎呀! 我肚子疼 ____ 了!

아이고! 나 배 아파 죽겠어!

03 보기의 제시된 단어를 골라 아래의 문장을 완성해 보세요.

보기

你　不舒服　哪里　啊

____ ____ ____ ____ ?

너 어디 아파?

정답　01 ①　02 死　03 你哪里不舒服啊?

생생 정보

중국 여행시 준비할 구급약

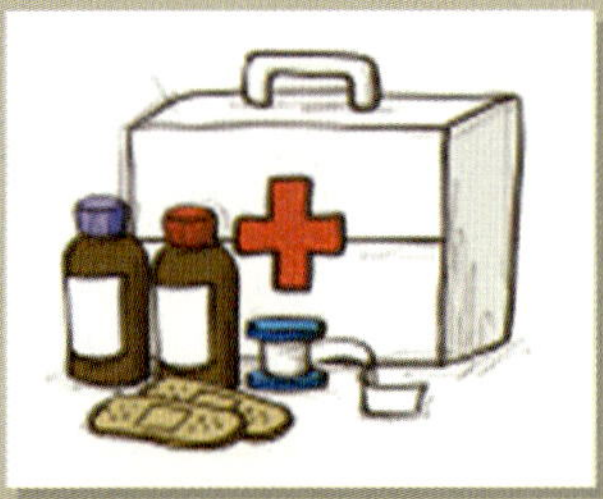

감기약

- 중국에서는 여름에 에어컨을 장시간 켜둘 때가 많으므로 감기에 걸리기 쉬움

* 중국에도 좋은 감기약이 있고, 한방 · 침술 등이 발달되어 있어 중국병원에 가보는 것도 경험이 될 수 있다.

소화제, 지사제, 장염약

- 중국음식은 한국음식에 비해 기름지고 자극적인 게 많으므로 배탈이나 설사에 걸리는 경우가 많음

밴드, 복용 중인 약 등

12

홍콩 여행

학습목표

- 지엔사쮀이에서 일어날 수 있는 중국어 회화를 말할 수 있다.
- 홍콩에서 일어날 수 있는 중국어 회화를 말할 수 있다.
- 홍콩의 야경에 대한 중국어 회화를 말할 수 있다.

학습내용

- 지엔사쮀이와 관련된 중국어 기초 회화 및 단어 학습
- 홍콩과 관련된 중국어 기초 회화 및 단어 학습
- 홍콩의 야경과 관련된 중국어 기초 회화 및 단어 학습

지엔사쮀이

34 在尖沙咀
(지엔사쮀이에서)

01.	尖沙咀 (尖沙嘴)	Jiānshāzuǐ	지엔사쮀이(침사추이)
02.	天然港城市	tiānrángǎng chéngshì	하버 시티
03.	名牌货	míngpáihuò	명품
04.	可能	kěnéng	아마도, 아마(~일지 모른다)
05.	不够	búgòu	부족하다, 충분하지 않다
06.	逛街	guàngjiē	아이쇼핑, 길거리 쇼핑
07.	购物	gòuwù	물건을 구매하다

在尖沙咀

Zài Jiānshāzuǐ

素英

终于到了天然港城市。这里有很多卖名牌货的商店。

Zhōngyú dào le tiānrángǎng chéngshì. Zhèli yǒu hěn duō mài míngpái huò de shāngdiàn.

드디어 하버시티에 도착했다. 여기 명품을 파는 상점이 많이 있네.

民浩

游览的时间可能不够了。

Yóulǎn de shíjiān kěnéng bú gòu le.

둘러볼 시간이 부족하겠다.

智贤

我们快去逛街吧。

Wǒmen kuài qù guàngjiē ba.

우리 빨리 아이쇼핑 하러 가자.

东建

好啊，但逛街购物之前，我们先吃饭吧。

Hǎo a, dàn guàngjiē gòuwù zhī qián, wǒmen xiān chīfàn ba.

그래 좋아, 쇼핑하기 전에 밥부터 먹자.

학습평가

01 보기의 단어에 해당하는 발음을 고르세요.

보기

名牌

① míngpǎi ② míngpài ③ míngpāi ④ míngpái

02 빈칸에 알맞은 단어를 골라 넣으세요.

보기

快 桂 的

我们 ☐ 去逛街吧。 우리 빨리 아이쇼핑 하러 가자.

03 문장을 어순에 맞게 배열하세요.

보기

吧 先 我们 之前 逛街购物 吃饭

☐☐, ☐☐☐☐。

쇼핑하기 전에 밥부터 먹자.

정답 01 ④ 02 快 03 逛街购物之前, 我们先吃饭吧。

생생 정보

명품 외래어

香奈尔(xiāngnài'ěr)

路易威登(lùyìwēidēng)

古奇(gǔqí)

普拉达(pǔlādá)

35 在香港 (홍콩에서)

01.	香港	Xiānggǎng	샹깡(홍콩)
02.	双层公共汽车	shuāngcéng-gōnggòngqìchē	이층 버스
03.	既然	jìrán	기왕 ~된 바에야
04.	座位	zuòwèi	좌석
05.	上车	shàngchē	(차 · 기차 따위에) 타다, 오르다
06.	会	huì	~할 것이다(추측)

在香港

Zài Xiānggǎng

东建

香港有很多的双层公共汽车啊。

Xiānggǎng yǒu hěn duō de shuāng céng gōnggòng qìchē a.

홍콩은 2층 버스가 정말 많아.

智贤

既然到香港了，我们坐双层公共汽车吧。

Jìrán dào xiānggǎng le, wǒmen zuò shuāng céng gōnggòng qìchē ba.

기왕 홍콩에 왔는데, 우리 2층 버스 타자.

民浩

好啊，那我要坐二层的座位。

Hǎo a, nà wǒ yào zuò èr céng de zuòwèi.

좋아, 나는 2층 좌석에 앉아야지.

素英

上车的人很多，可能会没有座位啊。

Shàng chē de rén hěn duō, kěnéng huì méiyǒu zuòwèi a.

타는 사람이 많아서 자리가 없을걸.

학습평가

01 보기의 단어에 해당하는 발음을 고르세요.

보기

香港

① xiǎnggāng　　② xiānggǎng
③ xiànggàng　　④ xiánggǎng

02 보기에서 알맞은 단어를 골라 보세요.

보기

第　坐　座

我们 ☐ 双层公共汽车吧。이층 버스를 타자.

03 보기에 제시된 단어를 골라 아래의 대화를 완성해 보세요.

보기

没有　会　座位　可能　啊

上车的人很多，☐ ☐ ☐ ☐ ☐。

타는 사람이 많아서, 자리가 없을걸.

정답 01 ②　02 坐　03 可能会没有座位啊。

생생 정보

홍콩의 볼거리

피크 트램(山顶缆车 shāndǐnglǎnchē)

미드레벨 에스컬레이터(세계에서 가장 긴 에스컬레이터)

36 香港的夜景
(홍콩의 야경)

01.	~的话	dehuà	~하다면, ~이면
02.	一定	yídìng	반드시
03.	夜景	yèjǐng	야경
04.	晚饭	wǎnfàn	저녁밥, 저녁
05.	以后	yǐhòu	이후
06.	入夜	rùyè	밤이 되다
07.	开灯	kāidēng	전등을 켜다, 불을 켜다
08.	极了	jíle	형용사 뒤에 위치, 뜻을 매우 강조할 때 쓰임

香港的夜景

Xiānggǎng de yèjǐng

东建

来香港的话一定要看夜景。

Lái Xiānggǎng de huà yídìng yào kàn yèjǐng.

홍콩에 오면 꼭 야경을 봐야 돼.

素英

那么，我们吃晚饭以后去看夜景吧。

Nàme, wǒmen chī wǎnfàn yǐhòu qù kàn yèjǐng ba.

그럼, 우리 저녁 먹고 야경 보러 가자.

智贤

入夜后，香港的建筑物都开灯了。

Rùyè hòu, Xiānggǎng de jiànzhùwù dōu kāidēng le.

밤이 되니까 홍콩의 건축물들이 불이 다 켜졌어.

民浩

哇~香港的夜景真是美极了。

Wà~ Xiānggǎng de yèjǐng zhēn shì měi jí le.

와~ 홍콩의 야경은 정말 지극히 아름답구나.

학습평가

01 보기의 단어에 해당하는 뜻을 고르세요.

보기

晚饭

① 저녁밥 ② 야경 ③ 홍콩 ④ 밤

02 보기에 제시된 단어를 조합하여 하나의 문장을 완성해 보세요.

보기

美极了　香港　真是　夜景　的

□□□□□。

홍콩의 야경은 정말 아름답다.

03 밑줄친 곳에 들어갈 알맞은 단어를 고르세요.

보기

来香港的话一定要看______。

① 美 ② 晚饭 ③ 夜景

정답 01 ① 02 香港的夜景真是美极了。 03 ③

생생 정보

홍콩의 역사

아편전쟁(1840~1842)

100년 영국령

1997년 중국반환

13

중국에서의 마지막 날

학습목표

- 친구 집에 초대되었을 때, 일어날 수 있는 중국어 회화를 말할 수 있다.
- 귀국을 준비하는 과정에서 일어날 수 있는 중국어 회화를 말할 수 있다.
- 여행의 감회를 중국어로 말할 수 있다.

학습내용

- 친구 집 초대에 관련된 중국어 기초 회화 및 단어 학습
- 선물사기와 관련된 중국어 기초 회화 및 단어 학습
- 여행 마지막 날과 관련된 중국어 기초 회화 및 단어 학습

리밍 집에서

37 在李明家
(리밍 집에서)

01.	邀请	yāoqǐng	초대하다
02.	闻到	wēndao	~의 냄새를 맡다
03.	香	xiāng	향기롭다
04.	准备	zhǔnbèi	준비하다
05.	怪不得	guàibude	어쩐지
06.	股	gǔ	맛이나 냄새를 세는 양사

在李明家

Zài Lǐmíng jiā

民浩

谢谢你邀请我们。

Xièxie nǐ yāoqǐng wǒmen.

우리를 초대해줘서 고마워.

李明

没事儿，请坐。我准备了几道菜。

Méishìr, qǐng zuò. Wǒ zhǔnbèi le jǐ dào cài.

아냐, 앉아. 내가 몇 가지 요리를 준비했어.

东建

怪不得一进门就闻到了一股好香的味儿。

Guàibude yí jìn mén jiù wén dao le yì gǔ hǎo xiāng de wèir.

어쩐지 문에 들어서자마자 맛있는 냄새가 나더라.

李明

不知道你们会不会喜欢。

Bù zhīdao nǐmen huì bu huì xǐhuan.

너희들이 좋아할지 모르겠어.

학습평가

01 보기의 단어에 해당하는 발음을 고르세요.

보기

□ 你邀请我们。
우리 초대해 줘서 고마워.

① 不知道　② 没事儿　③ 谢谢

02 빈칸에 알맞은 단어를 골라 넣으세요.

보기

香 [xiāng]　准备 [zhǔnbèi]　闻到 [wéndao]

□	□	□
~의 냄새를 맡다	향기롭다	준비하다

03 빈칸에 알맞은 단어를 고르세요.

보기

妈妈 □ 她的朋友们。
엄마가 친구분들을 초청했어.

① 准备　② 邀请了　③ 没事儿

정답　01 ③　02 闻到 [wéndao], 香 [xiāng], 准备 [zhǔnbèi]
03 ②

생생 정보

중국의 유명한 요리

마파두부

베이징 오리구이

딤섬

게 요리

38 买礼物 (선물 사기)

01.	旅行	lǚxíng	여행
02.	最后	zuìhòu	마지막, 최후
03.	回国	huíguó	귀국하다
04.	之前	zhīqián	~이전
05.	一些	yìxiē	약간, 조금, 몇
06.	礼物	lǐwù	선물
07.	化妆品	huàzhuāngpǐn	화장품
08.	推荐	tuījiàn	추천하다

买礼物

Mǎi lǐwù

东建

明天是旅行的最后一天，我们回国之前买一些礼物吧。

Míngtiān shì lǚxíng de zuìhòu yìtiān, wǒmen huíguó zhī qián mǎi yìxiē lǐwù ba.

내일이 여행 마지막 날인데, 우리 돌아가기 전에 선물 좀 사자.

素英

你想买什么礼物？

Nǐ xiǎng mǎi shénme lǐwù?

넌 어떤 선물을 사고 싶니?

东建

我想买我妈妈的生日礼物。

Wǒ xiǎng mǎi wǒ māma de shēngrì lǐwù.

나는 어머니의 생일선물을 사고 싶어.

素英

那你买化妆品吧，我来推荐。

Nà nǐ mǎi huàzhuāngpǐn ba, wǒ lái tuījiàn.

그럼 화장품을 사, 내가 추천해 줄게.

학습평가

01 보기의 단어에 해당하는 발음을 고르세요.

보기

礼物

① lǐwū　② lǐwù　③ lǐwù　④ lǐwū

02 어순에 맞게 단어를 배열하여 다음 문장을 완성해 보세요.

보기

我妈妈　生日礼物　买　想　我　的

□□□□□□。

나는 어머니의 생일선물을 사고 싶어.

03 보기에 제시된 단어를 골라 아래의 문장을 완성해 보세요.

보기

要　买　卖

你想 □ 什么礼物?

넌 사고 싶은 선물이 뭐니?

정답　01 ②　02 我想买我妈妈的生日礼物。　03 买

생생 정보

한국인이 중국에서 많이 사오는 선물

차
치파오(旗袍 qípáo, 중국전통의복)

그릇, 자기
짝퉁
술
우황청심환
각종 기념품

39 最后一天
(마지막 날)

01.	最后	zuìhòu	마지막, 최후
02.	日子	rìzi	날, 날짜, 시절
03.	视野	shìyě	시야
04.	扩大	kuòdà	확대하다
05.	常常	chángcháng	자주
06.	联系	liánxì	연락하다

最后一天
Zuìhòu yìtiān

智贤

今天是最后一天, 回想起来, 每天都是不一样的日子。
Jīntiān shì zuìhòu yìtiān, huíxiǎng qǐlai, měitiān dōushì bù yíyàng de rìzi.
오늘이 마지막 날이네, 돌이켜보면 매일매일이 달랐어.

东建

对, 民浩, 你觉得中国旅行怎么样?
Duì, Mínhào, nǐ juéde Zhōngguó lǚxíng zěnmeyàng?
맞아, 민호야. 넌 중국여행이 어땠니?

民浩

很好, 通过旅行, 我的视野扩大了。
Hěn hǎo, tōngguò lǚxíng, wǒ de shìyě kuòdà le.
아주 좋았어, 여행을 통해서 내 시야가 넓어졌어.

李明

我会想你们, 以后用QQ常常联系吧。
Wǒ huì xiǎng nǐmen, yǐhòu yòng QQ chángcháng liánxì ba.
너희들이 그리울 거야, 이후에 QQ를 이용해서 자주 연락하자.

학습평가

01 빈칸에 알맞은 단어를 고르세요.

보기

[　　　　] 旅行 마지막 여행

① 一路顺风　　② 最后　　③ 联系

02 알맞은 단어를 골라 아래의 대화를 완성해 보세요.

보기

甲：旅行的好处是什么?
(여행의 장점은 뭘까?)

乙：可以 [　　　　] 视野。
(시야를 넓힐 수 있어.)

① 联系　　② 代替　　③ 扩大

03 보기에서 빈칸에 알맞은 것을 골라 완성해 보세요.

보기

liánxì　　shìyě　　扩大

[　　　　] 联系 연락하다	[　　　　] 视野 시야	kuòdà [　　　　] 확대하다

정답 01 ②　02 ③　03 liánxì, shìyě, 扩大

생생 정보

중국의 메신저 소개

QQ

웨이신(微信, wēixìn)

개정판

배낭여행으로 배우는 기초 중국어

워크북

신아사

배낭여행으로 배우는 기초중국어 中-韩 옮기기

3과 你好

1	你好！
2	再见！
3	谢谢！
4	不客气！
5	对不起！
6	没关系。

4과 在飞机上

1	请给我一杯可乐，好吗?
2	好,还要别的吗?
3	还有给我一副耳机。
4	好的，我马上拿给你。

5과 到北京机场

1	请把您的护照给我看看。
2	好，这是我的护照。
3	入境卡呢？
4	在这儿。

6과 坐出租车

1	师傅，长城饭店去不去?
2	去，上车吧。
3	多长时间能到呢?
4	大概半个小时就能到。

7과 住宿登记

1	您好, 预订了吗?
2	我在韩国预订了, 这是我的确认书。
3	好的, 给您房间钥匙。
4	请把我的行李搬到房间去, 可以吗?

8과 换钱

1	我要换钱。
2	换多少?
3	换十万韩元。
4	好, 请填一下表。

9과 在超级市场

1	我们买点儿东西吧。
2	好啊，我要买水和吃的。
3	一共多少钱?
4	一共28块。这是找您的钱。

10과 坐地铁

1	地铁站怎么走？
2	前边就有地铁站。
3	去天安门应该坐几号线？
4	坐一号线。

11과 在天安门广场

1	故宫就在天安门广场附近，想去看看吗?
2	当然想了，快走吧。
3	我们现在就出发！
4	好啊，我给你们带路, 跟我来吧。

12과 北京烤鸭

1	你们想吃点什么?
2	我们要一只烤鸭。
3	烤鸭的味道真香，太好吃了。
4	我这才知道北京烤鸭为什么这么有名。

13과 在颐和园

1	我们终于来到颐和园了。
2	真是人山人海啊!
3	这儿的风景非常美啊。
4	是的，我们一起照相吧。

14과 去长城

1	长城真长啊！了不起!
2	万里长城有一万里长吗？
3	嗯，所以才叫万里长城。
4	听说在月亮上也能看见长城。

15과 在北京大学

1	听说北京大学在中国是非常有名的大学。
2	在校园，大家都很认真学习。
3	啊,那儿有个湖啊!
4	学习以后,想休息的时候,就来看看这湖,真好。

16과 看京剧

1	这场京剧很有名。
2	真没想到还能看一场京剧。我照张相，行吗?
3	看京剧时，不可以照相。
4	好。那么，只用眼睛看吧。

17과 买火车票

1	请问，有明天上午九点去青岛的火车票吗？
2	有，您要哪种座位？
3	我要四张软卧票。
4	学习以后，想休息的时候，就来看看这湖，真好。

18과 在火车上

1	到青岛需要八个小时左右。
2	那我先睡一会儿。
3	我睡够了，我们吃点什么吧。
4	我也饿了，吃个盒饭吧。

19과 在五四广场

1	那个红色雕像是什么呢?
2	5月的风。
3	真的很大, 很壮观。
4	晚上看更好看。

20과 青岛海边

1	海边真的很宽。
2	我们走一走海边吧。
3	可以坐游览船吗?
4	可以呀。

21과 青岛啤酒节

1	可以喝啤酒吗?
2	可以喝。
3	要味道浓郁的还是口感温和的?
4	要口感温和的。

22과 到上海

1	我们到上海了!
2	上海的建筑物都很高, 真好看!
3	哇, 上海发展得真快。
4	那是因为上海是中国的经济中心。

23과 在外滩

1	你们看到的是上海的浦东新区。
2	哇! 外滩对面是东方明珠塔, 夜景真华丽。
3	游船的灯光也很漂亮。
4	就好像看加拿大多伦多的夜景一样。

24과 东方明珠塔

1	东方明珠塔是全球第几高的塔呢?
2	东方明珠塔的高度是468m, 是全球高塔之一。
3	中国不仅有东方明珠塔, 在广州还有高度600m的广东塔。
4	哇! 中国建造出全球两个高塔,发展得太快了。

25과 在杭州西湖

1	民浩, 这儿是海还是湖?
2	这儿是湖, 叫 '西湖', 是杭州非常有名的湖。
3	真漂亮, 湖和周围的建筑很搭配。
4	所以在中国有句俗话, "上有天堂, 下有苏杭"。

26과 去乌镇

1	乌镇是水乡镇, 江南水乡之一, 所以能坐船观光啊。
2	哇! 桥多极了, 风景也很美。
3	那座桥叫什么名字呢?
4	是通济桥和人济桥, 人们称为桥里桥。

27과 在苏州园林

1	哇！苏州园林的风景不仅很优美，也很独特。
2	那是苏州园林的魅力。
3	听说苏州园林是世界文化遗产之一。
4	果然名不虚传。

28과 在昆明

1	昆明的天气很好，比北京暖和多了。
2	昆明是春城，一年四季都是春天。
3	有的人还穿了异国情调的服装。
4	啊~他们是中国的少数民族，昆明有很多少数民族。

29과 少数民族

1	请问,他们在干什么?
2	这是纳西族的活动。
3	纳西族?那不是少数民族吗?真有趣。
4	因为有纳西族和游客,所以这里的气氛很独特。

30과 去虎跳峡

1	哇!虎跳峡的水势太猛。
2	我想起来了-馒头的起源就是从虎跳峡开始的。
3	真的吗?馒头的起源是虎跳峡吗?
4	嗯,为了使水流平缓,就用馒头代替人头举行祭祀。

31과 坐船到阳朔

1	大家好，我给各位介绍一下阳朔。
2	啊，跟书上说的一模一样。
3	你们看看，那位爷爷在钓鱼啊。
4	对，用钓的鱼做的"啤酒鱼"，是阳朔的特色菜。

32과 桂林山水甲天下

1	你们知道"桂林山水甲天下"这句话吗？
2	我知道，意思就是：桂林的风景天下第一。
3	果然名不虚传。每座山都有洞，好奇妙。
4	桂林的景色都是天然的。

33과 拉肚子了

1	哎呀! 我肚子疼死了!
2	你怎么了? 你哪里不舒服啊?
3	民浩昨天吃多了桂林菜, 好象闹肚子了。
4	那么快去医院吧。我要带民浩去医院。

34과 在尖沙咀

1	终于到了天然港城市。这里有很多卖名牌货的商店。
2	游览的时间可能不够了。
3	我们快去逛街吧。
4	好啊。但逛街购物之前, 我们先吃饭吧。

35과 在香港

1	香港有很多的双层公共汽车啊。
2	既然到香港了,我们坐双层公共汽车吧。
3	好啊,那我要坐二楼的座位。
4	上车的人很多,可能会没有座位啊。

36과 香港的夜景

1	来香港的话一定要看夜景。
2	那么,我们吃晚饭以后去看夜景吧。
3	入夜后,香港的建筑物都开灯了。
4	哇~香港的夜景真是美极了。

37과 在李明家

1	谢谢你邀请我们。
2	没事儿,请坐。我准备了几道菜。
3	没事儿,请坐。我准备了几道菜。
4	不知道你们会不会喜欢。

38 买礼物

1	明天是旅行的最后一天,我们回国之前买一些礼物吧。
2	你想买什么礼物?
3	我想买我妈妈的生日礼物。
4	那你买化妆品吧,我来推荐。

39 最后一天

1	今天是最后一天，回想起来，每天都是不一样的日子。
2	对，民浩，你觉得中国旅行怎么样?
3	很好，通过旅行，我的视野扩大了。
4	我会想你们，以后，用QQ常常联系吧。

배낭여행으로 배우는 기초중국어 韩-中 옮기기

3과 你好

1	안녕!
2	잘가!
3	고마워!
4	천만에!
5	미안해!
6	괜찮아.

4과 在飞机上

1	콜라 한 잔 주시겠어요?
2	네, 다른 것도 더 필요하세요?
3	이어폰도 하나 주세요.
4	좋아요, 금방 가져다 줄게요.

5과 到北京机场

1	당신의 여권 좀 보여주세요
2	네, 이것은 제 여권입니다.
3	입국카드는요?
4	여기 있습니다.

6과 坐出租车

1	기사님, 창청호텔 갈 수 있나요?
2	가죠, 타세요.
3	얼마나 걸리나요?
4	대략 30분이면 도착할 수 있어요.

7과 住宿登记

1	안녕하세요, 예약하셨나요?
2	한국에서 예약했습니다. 이게 제 확인서입니다.
3	네, 방 열쇠 드릴께요.
4	제 짐을 방까지 옮겨줄 수 있을까요?

8과 换钱

1	환전을 하려고 합니다.
2	얼마나 바꾸실 건가요?
3	한화 10만원을 바꾸려고 합니다.
4	네, 표를 작성해 주세요.

9과 在超级市场

1	우리 물건 좀 사자!
2	좋아, 난 물이랑 먹을 것 좀 살래
3	모두 얼마에요?
4	모두 28원이에요. 여기 거스름돈입니다.

10과 坐地铁

1	지하철역 어떻게 가죠?
2	바로 앞에 지하철 역이 있어요.
3	천안문에 가려면 몇 호선을 타야 하나요?
4	1호선을 타면 됩니다.

11과 在天安门广场

1	자금성이 바로 천안문 광장 부근에 있는데, 가보고 싶니?
2	당연히 가보고 싶지, 빨리 가자.
3	우리 지금 바로 출발하자!
4	좋아, 내가 길 안내할게, 따라 와.

12과 北京烤鸭

1	무엇을 좀 드시고 싶으세요?
2	오리구이 한 마리 주세요.
3	오리구이 맛이 정말 고소하다. 너무 맛있어.
4	나는 비로소 베이징 오리구이가 왜 이렇게 유명한지 알았어.

13과 在颐和园

1	우리가 드디어 이화원에 도착했구나.
2	정말 인산인해다!
3	여기 풍경이 아주 멋진데.
4	그래, 우리 같이 사진 찍자.

14과 去长城

1	만리장성 정말 길다! 대단해!
2	만리장성은 만리만큼 길어?
3	응, 그래서 만리장성이라고 불러.
4	달에서도 만리장성이 보인다고 하더라.

15과 在北京大学

1	베이징대학이 중국에서 매우 유명한 대학이라고 하던데.
2	교정에서 다들 열심히 공부하네.
3	아, 저기에 호수가 있어!
4	공부하고 나서, 쉬고 싶을 때, 여기 호수에 오면 정말 좋겠다.

16과 看京剧

1	이 경극은 매우 유명해.
2	경극을 볼 수 있으리라고는 정말 생각지도 못했어. 사진 찍어도 될까?
3	경극 볼 때에는 사진 찍으면 안돼.
4	좋아. 그럼 눈으로만 볼게.

17과 买火车票

1	실례합니다, 내일 오전 9시에 칭다오 가는 기차표 있나요?
2	있습니다, 어떤 좌석을 원하세요?
3	저는 일등 침대칸 네 장이 필요합니다.
4	알겠습니다. 내일 오전 9시 칭다오 가는 일등 침대칸 네 장, 드릴게요.

18과 在火车上

1	칭다오까지 8시간 정도 걸린다.
2	그럼 나 먼저 좀 잘게.
3	나 충분히 잤는데, 우리 뭐 좀 먹자.
4	나도 배고파, 도시락 먹자.

19과 在五四广场

1	저 붉은색 조형물은 무엇인가요?
2	'5월의 바람'입니다.
3	정말 크고, 멋지네요.
4	저녁에 보는 것이 더 예뻐요.

20과 青岛海边

1	해변이 정말 넓다.
2	우리 해변 좀 걷자.
3	유람선을 탈 수 있을까요?
4	가능합니다.

21과 青岛啤酒节

1	맥주 마셔봐도 되나요?
2	마셔도 돼요.
3	진한 맥주와 부드러운 맥주 중 무엇으로 드릴까요?
4	부드러운 맥주 주세요.

22과 到上海

1	우리 상하이에 도착했어!
2	상하이의 건축물은 모두 높다, 정말 예쁘다!
3	와, 상하이는 발전이 정말 빠르다.
4	그건 왜냐하면 상하이가 중국의 경제 중심지이기 때문이야.

23과 在外滩

1	너희들이 보고 있는 곳이 상하이의 푸동지구야.
2	와! 와이탄 맞은편에 있는 것이 동방명주 타워인데, 야경이 정말 화려하다.
3	유람선의 불빛도 매우 아름답다.
4	마치 캐나다 토론토의 야경을 보는 것 같아.

24과 东方明珠塔

1	동방명주타워는 전세계에서 몇 번째로 높은 탑일까?
2	동방명주타워는 높이 468m로, 세계에서 높은 탑 중 하나야.
3	중국에는 동방명주타워뿐만 아니라 광저우에 600m 높이인 광동탑이 있어.
4	와! 중국은 세계에서 높은 탑을 2개나 건설했네, 너무 빠르게 발전하는구나

25과 在杭州西湖

1	민호야, 이곳이 바다야 아니면 호수야?
2	여긴 '서호'라는 호수야, 항저우에서 아주 유명한 호수지.
3	정말 아름답다, 호수랑 주변 건축물들이 잘 어울려.
4	그래서 중국에 "위에는 천당이 있고, 아래에는 쑤저우와 항저우가 있다." 는 속담도 있잖아.

26과 去乌镇

1	우쩐은 수상도시로서 양쯔강 이남의 수향 중 하나야, 그래서 배를 타고 관광할 수 있어.
2	와! 다리가 정말 많고 풍경 또한 아름답다.
3	저 다리 이름이 무엇일까?
4	통지차오와 런지차오야, 사람들이 차오리차오(다리 안의 다리)라고 불러.

27과 在苏州园林

1	와! 쑤저우 정원은 풍경이 아름다울 뿐만 아니라 매우 독특하다.
2	그것이 쑤저우 정원의 매력이지.
3	듣자 하니 쑤저우 정원은 세계문화유산 중 하나래.
4	과연, 명불허전이다.

28과 在昆明

1	쿤밍은 날씨가 정말 좋다, 베이징보다 많이 따듯해.
2	쿤밍은 봄의 도시로, 일 년 사계절이 모두 봄이야.
3	어떤 사람들은 이국적인 분위기의 의상을 입고 있네.
4	아~ 그들은 중국의 소수민족이야, 쿤밍에는 많은 소수민족이 있어.

29과 少数民族

1	말씀 좀 여쭙겠습니다, 그들은 뭐하고 있는 거예요?
2	이것은 나시족의 행사입니다.
3	나시족? 소수민족 아니야? 정말 흥미롭다.
4	나시족과 여행객으로 인해 여기 분위기가 매우 독특해.

30과 去虎跳峡

1	와! 후타오샤 물살이 엄청 세구나.
2	만터우 기원이 후타오샤에서 시작됐다는 것이 떠올랐어.
3	정말? 만터우 기원이 후타오샤에서 시작됐어?
4	응, 후타오샤의 물살을 잔잔하게 하기 위하여 사람의 머리를 대신하여 만두로 제사를 지냈다고 해.

31과 坐船到阳朔

1	여러분 안녕하세요, 여러분에게 양수어에 대해 소개해 드릴께요.
2	아, 책에서 말한 거랑 똑같네.
3	얘들아 봐봐, 저 할아버지께서 낚시하고 계셔.
4	네, 낚시로 잡은 물고기로 만든 "啤酒鱼"는 양수어의 특색 요리에요.

32과 桂林山水甲天下

1	너희 "계림산수갑천하'"라는 말 알아?
2	나 알아, 그 말의 의미는 '계림의 경치는 천하제일이다' 잖아.
3	과연, 그 말이 맞다. 모든 산에 동굴이 있어, 정말 신기하다.
4	계림의 자연경관은 모두 천연적인 것이야.

33과 拉肚子了

1	아이고! 나 배 아파 죽겠어!
2	왜 그래? 어디 아파?
3	민호가 어제 계림 음식을 많이 먹더니, 배탈났나 보다.
4	그럼 빨리 병원 가보자. 내가 민호 데리고 병원에 갈게.

34과 在尖沙咀

1	드디어 하버시티에 도착했다. 여기 명품을 파는 상점이 많이 있네.
2	둘러볼 시간이 부족하겠다.
3	우리 빨리 아이쇼핑 하러 가자.
4	그래 좋아. 쇼핑하기 전에 밥부터 먹자.

35과 在香港

1	홍콩은 2층 버스가 정말 많아.
2	기왕 홍콩에 왔는데, 우리 2층 버스 타자.
3	좋아, 나는 2층 좌석에 앉아야지.
4	타는 사람이 많아서 자리가 없을걸.

36과 香港的夜景

1	홍콩에 오면 꼭 야경을 봐야 돼.
2	그럼, 우리 저녁 먹고 야경 보러 가자.
3	밤이 되니까 홍콩의 건축물들이 불이 다 켜졌어.
4	와~ 홍콩의 야경은 정말 지극히 아름답구나.

37과 在李明家

1	우리를 초대해줘서 고마워.
2	아냐, 앉아. 내가 몇 가지 요리를 준비했어.
3	어쩐지 문에 들어서자마자 맛있는 냄새가 나더라.
4	너희들이 좋아할지 모르겠어.

38과 买礼物

1	내일이 여행 마지막 날인데, 우리 돌아가기 전에 선물 좀 사자.
2	넌 어떤 선물을 사고 싶니?
3	나는 어머니의 생일선물을 사고 싶어.
4	그럼 화장품을 사, 내가 추천해 줄게.

39과 最后一天

1	오늘이 마지막 날이네, 돌이켜보면 매일매일이 달랐어.
2	맞아, 민호야. 넌 중국여행이 어땠니?
3	아주 좋았어, 여행을 통해서 내 시야가 넓어졌어. 。
4	너희들이 그리울 거야, 이후에 QQ를 이용해서 자주 연락하자.